BIBLIOTHÈQUE DE LA JEUNESSE CHRÉTIENNE

5e SÉRIE

CHEVERT

LIEUTENANT GÉNÉRAL DES ARMÉES DU ROI

PAR

FR. JOUBERT

TOURS

ALFRED MAME ET FILS, ÉDITEURS

BIBLIOTHÈQUE

DE LA

JEUNESSE CHRÉTIENNE

APPROUVÉE

PAR Mᵍʳ L'ARCHEVÊQUE DE TOURS

—

5ᵉ SÉRIE IN-12

« Ah! monsieur le sergent, me répondit Chevert, si j'avais reçu de vos leçons, je pourrais peut-être mériter le compliment que vous m'adressez. »

CHEVERT

LIEUTENANT GÉNÉRAL DES ARMÉES DU ROI

PAR

FR. JOUBERT

TOURS

ALFRED MAME ET FILS, ÉDITEURS

—

M DCCC LXX

CHEVERT

LIEUTENANT GÉNÉRAL DES ARMÉES DU ROI

—◦◦◦◦◦—

CHAPITRE I

Le colonel marquis de Carné. — Organisation de l'armée au xviiie siècle. — La demi-recrue du sergent Francœur. — Sa rencontre sur l'esplanade de Verdun. — Premier engagement du jeune Chevert.

Le marquis de Carné était, au commencement du xviiie siècle, colonel propriétaire d'un régiment d'infanterie qui portait son nom. Après avoir pris une part active aux premières campagnes de la guerre dite *de la succession d'Espagne,* il avait été envoyé, en 1704, en garnison à Sarrelouis pour prendre quelque repos, ou plutôt pour remplir les vides nombreux que les combats avaient faits dans son régiment et le mettre en état de se présenter de nouveau devant l'ennemi.

Ici, quelques mots sur l'organisation militaire à cette époque nous paraissent nécessaires pour l'intelligence de notre récit.

C'est au siècle de Louis XIV, sous le ministère de Louvois, qu'une volonté organisatrice commença à se manifester dans les armées. Mais cette organisation, tout entière aux mains de la noblesse, ne pouvait être que très-vicieuse; c'était véritablement le désordre organisé. Les régiments étaient dans une sorte d'indépendance sous le commandement de chaque colonel propriétaire. Chacun de ces corps était une petite république sous les ordres de gentilshommes souvent mutins et indisciplinés; le capitaine était maître de sa compagnie, l'habillait de pied en cap et l'équipait; chaque colonel pouvait vendre son régiment en quittant le service. Dans les

régiments ainsi constitués il était difficile
d'introduire de la régularité ; l'esprit organi-
sateur de Louvois y parvint à la longue, surtout en créant des écoles spéciales d'artillerie, de cavalerie et d'infanterie, où l'on
façonna de bonne heure la jeune noblesse à
un service sévère.

Cependant de graves abus continuèrent
longtemps encore. Les colonels chargeaient
les capitaines de recruter leurs compagnies,
et ceux-ci, dans cette opération, exploitaient
leurs compagnies comme un fermier exploite
une métairie. Voici comment se faisait généralement le recrutement de l'armée, non-seu-
lement à cette époque, mais beaucoup plus
tard et jusqu'à la révolution de 1789.

Les chefs de corps entretenaient à fonctions permanentes dans les grandes villes des
recruteurs, appelés *racoleurs* (1), qui étaient
des espèces d'entrepreneurs de levées. Outre
un salaire fixe, ils avaient par chaque soldat

---

(1) Ce mot qui, dans l'origine, s'écrivait *racoleur*, vient
de l'italien *raccoglitore*, dérivé du verbe *raccogliere*, recueillir.

qu'ils enrôlaient un profit proportionné à la taille et à la beauté de l'homme de recrue. Ce genre de commerce prit surtout de l'extension à mesure que la durée du service devint plus prolongée; quand les aventuriers, de toute nation, s'engageaient mois par mois, il n'était pas difficile de trouver des amateurs décidés à essayer le métier des armes, ou des vagabonds prêts à chercher un refuge contre les poursuites de la justice. Les capitaines, intéressés à garder plus longtemps sous les armes ceux qu'ils incorporaient dans leurs compagnies, marchandaient la durée du service, proportionnaient la prime d'engagement aux bonnes dispositions du nouveau venu, ou quelquefois abusaient de l'ignorance d'hommes illettrés pour faire souscrire des actes d'engagement dont les conditions écrites différaient complétement des conditions verbales. Pour remédier en partie à ces abus, les plus anciennes ordonnances de Louis XIV défendirent d'enrôler pour moins d'un an; c'était un minimum connu. La loi accrut successivement la proportion du service; il fut porté d'abord à trois ans, puis à cinq, puis à huit. Cette durée prolongée rendit, et plus difficile l'enrôlement, et plus chers la prime et le pourboire; de là cette nécessité des corps étrangers, qui, dans les pays populeux et pauvres, trouvaient à meilleur compte des recrues; de là aussi toutes ces hideuses supercheries des racoleurs, qui, vivant dans l'écume des cités populeuses, avaient pour domicile une maison de débauche, pour bureau de recrutement un cabaret et pour dépôt un *four;* on appelait ainsi un lieu où ils gardaient sous clef les malheureuses victimes qu'ils avaient saisies dans de subalternes tripots, et qu'ils avaient engagées en les faisant boire à la santé du roi et en les enivrant.

On conçoit ce que devait être une armée composée de tels éléments, et l'on ne s'étonne plus de cette définition qu'en donne Fléchier dans son *Oraison funèbre de Turenne :*

« Qu'est-ce qu'une armée? » se demande l'orateur sacré; et voici sa réponse : « C'est un « corps animé d'une infinité de passions dif-

« férentes, qu'un homme habile fait mouvoir
« pour la défense de la patrie; c'est une
« troupe d'hommes armés qui suivent aveu-
« glément les ordres d'un chef, dont ils ne
« savent pas les intentions; c'est une multi-
« tude d'âmes, pour la plupart viles et mer-
« cenaires, qui, sans songer à leur propre
« réputation, travaillent à celle des rois et
« des conquérants; c'est un assemblage con-
« fus de libertins qu'il faut assujettir à l'o-
« béissance, de lâches qu'il faut mener au
« combat, de téméraires qu'il faut retenir,
« d'impatients qu'il faut accoutumer à la
« confiance. Quelle prudence ne faut-il pas
« pour conduire et réunir au seul intérêt
« public tant de vues et de volontés diffé-
« rentes! Comment se faire craindre, sans se
« mettre en danger d'être haï et bien souvent
« abandonné? Comment se faire aimer, sans
« perdre un peu de l'autorité, et relâcher de
« la discipline nécessaire? »

Mais arrêtons ici cette digression, et reve-
nons à notre récit.

M. de Carné était un homme de grand sens;

il était doué d'une sagacité merveilleuse qui lui faisait discerner avec une justesse rare les qualités et les défauts des hommes. Il possédait à un degré éminent cette prudence dont parle Fléchier, si nécessaire pour faire concourir à un même but tant de volontés diverses qu'il était chargé de diriger. Il avait surtout le talent, si rare dans un chef, de se faire tout à la fois craindre et aimer de ses subordonnés.

Depuis longtemps il avait reconnu les abus et les inconvénients du mode de recrutement alors en usage, et il avait essayé de le modifier de manière à en atténuer, autant que possible, les mauvais effets. D'abord il n'avait pas de recruteurs à poste fixe; seulement, chaque fois que son régiment prenait ses quartiers d'hiver, M. de Carné accordait des congés de semestre à quelques sous-officiers dont il connaissait la capacité, à charge par eux d'amener, à leur retour, quelques recrues de leur pays. Sans imposer aux lieutenants et sous-lieutenants les mêmes conditions lorsqu'il leur donnait des congés de semestre, il les engageait vivement à profiter de leur séjour dans leur province pour tâcher d'y recruter aussi quelques hommes pour le régiment. Ce mode de recrutement était peut-être moins productif que celui des racoleurs permanents ; mais il était moins coûteux, et de plus, s'il procurait un moins grand nombre de sujets, il avait l'avantage de les fournir de meilleure qualité.

Depuis son arrivée à Sarrelouis, M. de Carné avait donc mis de nouveau en pratique sa manière de se pourvoir de recrues. Déjà plusieurs de ses officiers et sous-officiers lui avaient amené de l'Alsace, de la Champagne et de la Franche-Comté des hommes vraiment d'élite, qu'il s'était empressé d'incorporer dans son régiment. Cependant les vides de ses compagnies ne se remplissaient qu'avec lenteur, et il pressait activement ses recru-teurs semestriers de lui envoyer de nouveaux soldats.

Un jour qu'il était occupé dans son cabi-net à sa correspondance à ce sujet, son valet de chambre vint lui annoncer que le sergent Francœur, de son régiment, désirait lui parler.

« Qu'il vienne à l'instant, s'écria M. de Carné, il y a assez longtemps que je l'attends. »

Presque au même instant le sergent entra, fit trois pas dans la chambre, ramena ses deux talons sur la même ligne, éleva le revers de la main droite à la hauteur du front, tandis que la main gauche s'allongeait, la paume en dehors, le long de la couture de la culotte, et il resta immobile, le corps droit, dans cette attitude du salut militaire, attendant que son chef lui adressât la parole.

« Ah! te voilà enfin! ma vieille moustache, » dit M. de Carné avec un ton de bonté familière, pendant que le sergent Francœur exécutait le mouvement que nous venons de décrire.

« Présent! mon colonel, reprit le sous-officier sans changer de position.

— Eh bien? as-tu fait bon voyage?

— Assez bon, mon colonel, dit Francœur

en baissant la main, et en reprenant sa position ordinaire.

— Combien nous amènes-tu de recrues?

— Six et demi, mon colonel.

— Comment! six et demi! que veux-tu dire avec cette moitié de recrue?

— Cela veut dire, mon colonel, que je vous amène six rudes et beaux gaillards, de dix-huit à vingt ans, de cinq pieds huit à dix pouces, lesquels feront honneur, je l'espère, à notre compagnie de grenadiers; puis, avec eux, j'ai recruté un jeune luron de bonne mine, qui les vaudra bien un jour; seulement, comme il n'a aujourd'hui que la moitié de leur âge et à peu près la moitié de leur taille, il n'est encore en quelque sorte qu'un demi-homme, et voilà pourquoi je me suis permis de vous l'annoncer comme une *demi-recrue*.

— Et que veux-tu que nous fassions de cet enfant? ce sont des soldats qu'il nous faut; d'un jour à l'autre nous pouvons entrer en campagne, et ta demi-recrue, comme tu l'appelles, ne nous servira que d'embarras.

— Pardon, mon colonel, on pourrait dans ce cas faire de mon jeune homme un fifre ou un tambour, et je vous garantis qu'il s'acquitterait à merveille de l'une ou de l'autre de ces fonctions, en attendant qu'il soit en âge de devenir un excellent soldat. Dans tous les cas, mon colonel, si la chose ne vous convient pas, il n'y a rien de fait; j'ai bien obtenu le consentement du tuteur de l'enfant; mais j'ai mis pour condition que l'engagement ne serait définitif que quand vous l'auriez approuvé; d'ailleurs, je n'ai donné ni prime ni pourboire; c'est comme simple volontaire qu'il est engagé.

— De son tuteur, dis-tu? est-ce qu'il n'a plus son père?

— Ni père, ni mère, mon colonel; il les a perdus l'un et l'autre dès le bas âge, de sorte qu'il n'a jamais connu les auteurs de ses jours. Il n'a qu'un oncle à la mode de Bretagne, qu'on a nommé son tuteur; c'est un ouvrier cordonnier, qui lui-même a une nombreuse famille et qui ne demande pas mieux que de se débarrasser de son pupille;

tandis que celui-ci, de son côté, serait enchanté d'être débarrassé de son tuteur.

— Ainsi c'est un orphelin, reprit M. de Carné d'un ton presque compatissant; cette circonstance pourrait bien me disposer en sa faveur, si toutefois il appartient à une famille honnête, et si lui-même ne montre pas déjà quelques vices précoces que la vie de régiment, au lieu de les corriger, ne ferait qu'accroître et rendre incurables. Je pense que tu n'as pas négligé de prendre à ce sujet tous les renseignements nécessaires. Voyons, continua M. de Carné, comment as-tu découvert ta demi-recrue, et par quels motifs t'inspire-t-elle tant d'intérêt?

— Voilà, mon colonel; vous savez que je suis né natif des Trois-Évêchés (1), et que je

(1) On désignait autrefois sous ce nom une partie de la Lorraine, formée des trois villes épiscopales de Metz, Toul et Verdun et de leur territoire. Ce pays, après avoir été longtemps une dépendance de l'empire germanique, avait été réuni à la France, en 1552, par Henri II. Malgré les réclamations de l'Allemagne, le traité de Cateau-Cambresis (1558), et celui de Westphalie (1648), en ont continué et confirmé la possession à la France. La plus grande partie

suis connu dans ce pays-là comme le loup
blanc; aussi chaque fois que j'y vais en congé
je suis toujours sûr d'en ramener quelques
bonnes recrues, et, sous ce rapport, je puis,
sans vanité, me flatter d'avoir fourni au régiment des soldats qui lui ont toujours fait
honneur; j'en appelle à votre témoignage,
mon colonel.

— Je te rends pleine justice à cet égard,
répondit M. de Carné en souriant; je te dirai
même qu'en toute occasion je t'ai cité comme
modèle à ceux de nos sous-officiers et même
de nos lieutenants qui se mêlent de recrutement; mais ce n'est pas de cela qu'il s'agit;
arrive au fait et parle-moi de ta moitié de
recrue.

— J'y arrive, mon colonel, en même temps
que j'arrive à Verdun; car c'est à Verdun-

---

du territoire des Trois-Évêchés forme le département de
la Moselle, chef-lieu Metz; Toul et le Toulois a été réuni
au département de la Meurthe, chef-lieu Nancy; Verdun
avec le Verdunois, le Barrois et le Clermontais, forme le
département de la Meuse, chef-lieu Bar-le-Duc. Metz et
Verdun ont conservé le titre de villes épiscopales; Toul a
perdu le sien.

sur-Meuse que j'ai fait cette trouvaille, sur
la belle promenade de l'esplanade de la Roche,
que vous connaissez. Or donc, je traversais
cette promenade, lorsque dans une allée voisine de celle où je me trouvais, j'entends une
voix grêle, mais ferme, prononcer quelques
commandements militaires, tels que : « Garde à
vous, peloton !... halte !... front !... à droite,
alignement! » Tout cela était lancé avec une
intonation forte, juste, accentuée, à faire
envie à plus d'un sergent instructeur de ma
connaissance. Surpris, je tourne la tête du côté
où se faisait entendre cette voix, et j'aperçois
un garçon de neuf à dix ans, qui, un sabre à
la main, faisait faire l'exercice à une douzaine
de bambins de son âge, armés d'échalas ou de
manches à balais en guise de fusils. Sans
doute, il n'est pas rare de rencontrer, dans
nos villes de garnison, de ces bandes de pe-
tits garçons qui s'amusent à jouer *au soldat*.
J'avoue que souvent ce spectacle m'a fait sourire, mais jamais il n'a attiré mon attention
comme cette fois. La figure martiale du petit
capitaine, le sérieux avec lequel il jouait son

rôle, l'obéissance, ou plutôt la déférence que lui montraient ses camarades me causèrent un véritable étonnement mêlé d'admiration. Je fis quelques pas du côté de la petite troupe; en me voyant approcher, quelques-uns de ces soldats imberbes et peu disciplinés firent entendre quelques chuchotements. « Silence dans les rangs! » cria le chef d'un ton impérieux, et le silence se rétablit aussitôt. Il commanda ensuite quelques manœuvres peu compliquées, qui furent exécutées avec beaucoup d'ensemble et d'aplomb. Puis il les forma de nouveau en bataille, et, se plaçant au centre, il leur adressa quelques mots de félicitation et d'encouragement, et termina par l'ordre du jour du lendemain, qu'il proclama lui-même en ces termes : « A quatre heures du soir, réunion à l'endroit accoutumé sur l'esplanade; appel à quatre heures et quart; exercice jusqu'à cinq heures. » Puis, élevant la voix et prenant le ton du commandement, il s'écria : « Garde à vous, peloton! portez... armes! présentez... armes! haut... armes! rompez les rangs, a... arche ! »

« Et voilà tous mes bambins qui s'éparpillent en chantant, en criant comme une volée d'oiseaux. Le chef seul, avec deux ou trois de ses camarades, qui étaient sans doute ses lieutenants, était resté, et il leur parlait à voix basse avec une certaine animation. Il ne me fut pas difficile de remarquer que j'étais le sujet de leur entretien, et même que leur chef désirait me parler; mais, comme il paraissait hésiter, je crus, pour l'encourager, devoir le prévenir, et je lui dis en souriant :

« — Permettez, *mon capitaine,* à un vieux troupier de vous féliciter de la manière dont vous faites manœuvrer votre compagnie.

« — Ah ! monsieur le sergent, me répondit-il, si j'avais reçu de vos leçons, je pourrais peut-être mériter le compliment que vous m'adressez, mais je ne me suis instruit qu'en voyant faire l'exercice aux soldats de la garnison.

« — Et vous en avez bien profité; cela prouve que vous avez du goût pour l'état militaire.

« — Oui, Monsieur, je veux être soldat comme l'a été mon père.

« — Ah! votre père a été soldat?

« — Oui, monsieur, il a servi sous Turenne et Catinat, à ce qu'on m'a raconté, car je ne l'ai jamais connu; j'avais à peine deux ans quand il est mort.

« — Ma foi, mon jeune ami, repris-je, si vous aviez dix ans de plus, je serais enchanté de vous engager dans mon régiment.

« — Et pourquoi ne m'engageriez-vous pas tout de suite? Vous avez pu juger par vous-même que je ne manque pas d'une certaine instruction militaire que n'ont pas toujours vos recrues ordinaires; et de plus, j'ai bonne volonté.

« — Je n'en doute pas; mais cela ne suffit pas, il faut encore avoir la taille pour figurer dans les rangs, et la force pour supporter les fatigues de la guerre.

« — Avec le temps, répondit-il, j'acquerrai taille et force; en attendant, on pourrait m'employer comme tambour ou comme fifre, car je sais jouer de ces deux instruments. »

« Et, pour me donner un échantillon de son talent, il tira un fifre de sa poche et se mit à jouer quelques pas redoublés avec beaucoup de précision.

« Je vous avoue, mon colonel, que j'étais de plus en plus charmé des manières et du ton de cet enfant. Son air éveillé sans effronterie, son assurance qui n'excluait pas la modestie, et puis je ne sais quoi de franc, de décidé, de mutin et de bon enfant tout ensemble dans son allure, me plaisaient infiniment, et je finis par me dire en moi-même : Tiens, mais ce ne serait peut-être pas là une mauvaise acquisition pour le régiment ; si la chose est possible, je l'engagerai provisoirement, et mon colonel décidera en dernier ressort. Après avoir fait cette réflexion, je demandai à l'enfant son nom et quelques détails sur sa famille. Il me dit qu'il s'appelait François Chevert, qu'il demeurait chez son oncle et tuteur le cordonnier ; qu'il avait un autre parent, bedeau de la cathédrale, qui aurait voulu le placer à la maîtrise pour le faire recevoir enfant de chœur ; mais qu'il avait refusé, ce qui l'avait brouillé avec lui.

« — Eh bien, mon ami, lui répondis-je, je prendrai des renseignements, et s'ils vous sont favorables, nous pourrons peut-être nous entendre. »

« J'allai le jour même aux informations; son tuteur, le cordonnier, m'en rendit le meilleur témoignage.

« — C'est, me dit-il, un excellent sujet, rempli d'intelligence, et qui a fait des progrès rapides à l'école où nous l'avons placé. J'aurais désiré lui apprendre mon état, mais il ne rêve que l'état militaire, et je crois que c'est celui qui lui convient le mieux; aussi je suis prêt à donner mon consentement si M. le marquis de Carné, votre colonel, veut le recevoir dans son corps. »

« Le maître d'école, que j'allai voir, me confirma ce que m'avait dit le cordonnier en ajoutant :

« — C'est le meilleur élève de ma classe; il a une mémoire prodigieuse et un jugement bien au-dessus de son âge. Il n'a que neuf ans et demi, eh bien, il sait mieux lire, écrire et

1*

calculer que des garçons de douze à treize ans qui fréquentent mon école depuis cinq à six ans. »

« Son cousin Thiébaut, le bedeau de la cathédrale, fut le seul dont le témoignage était en désaccord avec celui des autres.

« — François Chevert, me dit-il, est un mauvais sujet; il a refusé d'entrer à la maîtrise, où il aurait pu s'instruire assez pour être reçu plus tard au séminaire et embrasser l'état ecclésiastique; mais il préfère se livrer à la dissipation et jouer sur l'esplanade... Il veut être soldat; qu'il le soit, il n'est bon qu'à cela; ce n'est pas moi qui m'y opposerai. Je lui ai dit bien des fois : Tu dis que tu veux faire comme ton père? vraiment, cela lui a bien réussi à ton père d'avoir été vingt ans soldat; il s'est marié à son retour au pays, et trois ans après il est mort des suites de ses blessures, en laissant une veuve et un orphelin dans la misère.

« — Dans tout cela, repris-je, si vous n'avez à reprocher à votre petit-cousin, François Chevert, que de vouloir suivre la carrière de son père, je ne vois pas qu'il y ait lieu de le traiter de mauvais sujet.

« — Je ne dis pas qu'il le soit déjà, mais il a une tendance à le devenir, puisqu'il veut embrasser un état qui est le chemin de la perdition, et où il est bien difficile, pour ne pas dire impossible, de faire son salut.

« — Vous avez donc une bien mauvaise opinion de l'état militaire, lui dis-je en souriant; cependant, mon brave homme, sachez que l'on peut se sauver dans tous les états, même dans le nôtre; et la preuve, c'est que saint Maurice et ses compagnons, et saint Martin de Tours, ont été soldats, ce qui ne les a pas empêchés de devenir de grands saints. »

« Le bonhomme parut un instant embarrassé pour me répondre; puis, après un moment de réflexion, il me dit d'un air capable :

« — Oui, c'est vrai, ce sont de grands saints; mais peut-être eussent-ils été plus grands saints encore s'ils n'avaient pas été soldats.

« — Oh! oh! m'écriai-je en éclatant de rire; pour ma part je me contenterais volon-

tiers de ne devenir saint que comme eux, »
et je tournai le dos à mon vieil entêté.

« De là je me rendis chez le syndic de la
ville, qui me donna un certificat constatant
l'honorabilité de la famille Chevert; puis à la
paroisse où le jeune François a été baptisé,
pour avoir son extrait de baptême, qui con-
state qu'il est né le 2 février 1695.

« Muni de ces renseignements et de ces
pièces, je prévins notre jeune homme que
j'étais prêt à l'emmener, s'il était toujours dans
les mêmes dispositions. Pour toute réponse,
il me sauta au cou et m'embrassa avec effu-
sion. Le lendemain nous nous mîmes en route.
Il a fait le trajet de Verdun jusqu'ici avec la
facilité d'un vieux troupier habitué à la
marche. Tout le long du chemin il nous a
égayés par ses saillies. Quand la traite était
un peu longue et que la fatigue commençait
à le gagner, il prenait son fifre et jouait un
pas redoublé *pour se donner des jambes,* selon
son expression. Enfin, après sept jours de
marche, il est arrivé ici aussi dispos qu'au
départ. »

CHAPITRE II

Présentation du jeune Chevert à M. de Carné. — Leur conversation. — L'abbé Baudoin, aumônier du régiment de Carné. — Son opinion sur Chevert. — Projets de M. de Carné sur Chevert. — Sa conversation à ce sujet avec l'aumônier.

M. de Carné avait écouté avec beaucoup d'attention et d'intérêt le récit du sergent Francœur. Lorsque celui-ci eut cessé de parler, le colonel jeta un coup d'œil sur les pièces que le sous-officier venait de lui remettre, et dit en les parcourant : « Cet enfant, comme orphelin et comme fils d'un ancien militaire, m'intéresse doublement; il me tarde de le voir pour juger si tu ne t'es pas exagéré ses qualités.

— Quand il vous plaira, mon colonel : lui et moi nous sommes à vos ordres.

— Eh bien, amène-le-moi dans une heure; je serai probablement libre à ce moment-là.

— Suffit, mon colonel. Faudra-t-il vous présenter en même temps mes six autres recrues? Ce sont, je vous assure, de solides lurons.

— Non, non, c'est inutile : je les passerai en revue avec d'autres qui sont arrivées hier et celles qu'on attend aujourd'hui. Je ne veux voir, pour le moment, que ta *demi-recrue* de Verdun.

— Comme il vous plaira, mon colonel, » répondit le sergent; et, recommençant le salut militaire, il fit demi-tour à droite, et sortit en marchant le pas ordinaire avec autant de gravité que s'il eût défilé à côté de sa compagnie de grenadiers.

Une heure après, il revint avec son protégé. M. de Carné fut frappé de la bonne mine et de l'air de distinction de cet enfant. Loin de trouver que son sergent se fût laissé aller à une appréciation exagérée dans le portrait qu'il en avait tracé, il lui sembla, au

contraire, qu'il était reste au-dessous de la
vérité. Par suite de cette impression favorable, il accueillit le jeune Chevert avec une
bonté toute paternelle. Celui-ci, d'abord inti-
midé par la présence d'un si grand person-
nage, montra quelque embarras dans sa tenue
et dans sa parole ; mais, bientôt rassuré par
l'extrême bienveillance qu'on lui témoignait,
il répondit aux questions de M. de Carné avec
une précision, une simplicité, une franchise
qui charmèrent son interlocuteur. En voyant
son assurance revenue, M. de Carné voulut
entendre de sa bouche l'histoire de sa vie.

L'enfant s'empressa de le satisfaire, en reprenant cette histoire aussi loin que ses souvenirs pouvaient se reporter dans le passé, c'est-
à-dire à quelques années. Comme il n'avait
rien à cacher de ses propres actions ou des
événements qui l'avaient touché plus ou moins
directement, il racontait tout avec un ton de
franchise qui ne pouvait laisser le moindre
doute sur sa véracité. Son récit était empreint
d'une naïveté qui fit plus d'une fois sourire
le colonel, en même temps qu'il eut plus d'une

occasion de remarquer que son cœur était doué des meilleurs sentiments. Ainsi, il ne parlait jamais qu'avec affection et reconnaissance de son oncle le cordonnier, et même de sa femme, qu'il appelait *sa bonne tante*, quoiqu'elle fût passablement acariâtre, et qu'elle ne se gênât pas pour rudoyer *son cher neveu,* et lui infliger parfois de sévères corrections manuelles. Il est vrai qu'elle n'épargnait pas davantage ses propres enfants, et que son mari lui-même avait souvent à souffrir de sa mauvaise humeur. « Cette tante aurait voulu, comme le cousin Thiébaut, disait le jeune Chevert, que j'entrasse à l'école de la maîtrise de la cathédrale pour devenir enfant de chœur; mais mon refus formel de suivre cette partie, et mon goût prononcé pour l'état militaire l'exaspérèrent tellement, que sans mon oncle elle m'aurait, je crois, chassé de la maison. Pour se dédommager et passer sa mauvaise humeur sur quelqu'un, elle chercha querelle au vieux bonhomme Fribourg, et lui défendit de remettre les pieds à la maison, lui reprochant de m'avoir mis en tête

l'idée de me faire soldat. Le bonhomme s'en
alla tout penaud sans lui répondre un mot.
Son départ me causa un grand chagrin; car
j'aimais beaucoup à lui entendre raconter ses
histoires des guerres du temps passé.

— Et quel était cet homme que vous appelez
Fribourg? demanda M. de Carné; est-ce lui
réellement qui vous a imposé des goûts militaires?

— C'était un ancien soldat qui avait beaucoup connu mon père, et qui était bien plus
vieux que lui. Il se nommait Roger; mais on
l'avait surnommé Fribourg parce qu'il avait
assisté à cette célèbre bataille, et qu'il aimait
à en raconter les détails et à parler du grand
Condé, dont il prétendait s'être fait remarquer pendant l'action. Ses récits m'intéres-
saient beaucoup, et j'aurais passé à l'écouter
une journée entière sans boire ni manger.
On ne m'a jamais engagé à me faire militaire;
cette idée m'est venue tout naturellement,
et sans que personne me l'ait suggérée. Même,
quand je lui en ai parlé, il ne m'a rien dit
pour m'encourager; au contraire, il me répé-

tait que c'était un métier bien rude que celui
de soldat, et qu'il ne me croyait pas d'un tem-
pérament assez robuste pour en soutenir les
fatigues. Eh bien, lui disais-je, je deviendrai
officier.

« — Officier! qu'il me répondait, ce n'est
pas facile quand on n'est pas gentilhomme;
cependant j'ai connu plusieurs roturiers qui
sont devenus lieutenants et même capitaines,
et qui ont été décorés de la croix de Saint-
Louis. J'ai même connu, dans ma jeunesse,
un officier général qui était de notre province,
et qui est devenu maréchal de France; il se
nommait Fabert. C'était un roturier origi-
naire de Metz, et le prince de Condé en faisait
le plus grand cas. Mais c'est une exception si
rare, si rare, qu'on ne saurait citer Fabert
comme un exemple à suivre.

« — Oh! lui répondis-je, je n'ai pas la pré-
tention de devenir maréchal de France comme
M. Fabert. Que j'obtienne un jour les épaulettes de lieutenant, et plus tard celles de capitaine, c'est tout ce que je désire... »

— Ah çà! mon garçon, interrompit en souriant M. de Carné, il paraît que vous êtes modéré dans votre ambition ; vous contenter des épaulettes de lieutenant ou de capitaine au lieu du bâton de maréchal de France, on ne peut pas être plus modeste, en vérité ! Mais, voyons, il faut nous entendre : est-ce comme simple soldat ou comme officier que vous voulez vous engager dans mon régiment ? »

A cette question, faite avec une bonhomie ironique, l'enfant rougit jusqu'au blanc des yeux ; il comprit qu'il venait de dire une sottise et de se montrer par trop présomptueux. Il baissa la tête sans répondre ; mais, bientôt rassuré par quelques paroles pleines de bonté de M. de Carné, il répondit simplement : « Je sais bien, Monsieur, qu'on ne peut pas s'engager comme officier ; ce n'est que comme simple soldat que je m'enrôlerai dans votre régiment lorsque j'aurai atteint l'âge de contracter un engagement régulier. Seulement j'ai voulu dire que je m'efforcerai, par ma conduite et mes bons services, de mériter de l'avancement, et de parvenir ainsi

jusqu'au grade d'officier. Si je ne réussis pas,
je tâcherai du moins, lorsque l'âge où les
blessures m'auront mis hors de service, d'obtenir, comme le bonhomme Fribourg dont je
vous parlais tout à l'heure, une place dans
ce magnifique palais que le roi a fait construire
pour loger ses soldats invalides.

— A la bonne heure, mon garçon, reprit
avec bonté M. de Carné ; j'aime à vous entendre parler ainsi. Avant de rêver épaulettes, il faut songer à vous en rendre digne
par votre instruction et votre bonne conduite ;
et encore, ainsi que vous l'a dit votre vieux
Fribourg, votre naissance sera un obstacle
difficile, sinon impossible à surmonter. Ne
nous faites donc point d'illusion, mon ami,
autrement vous pourriez vous exposer plus
tard à de cruelles déceptions. Mais, à propos
de ce vieux soldat de Turenne et de Condé,
il a donc obtenu une place à l'hôtel des Invalides ?

— Oui, Monsieur ; quelques jours après sa
querelle avec ma tante, il a reçu sa nomination. Au moment de quitter Verdun, il est

venu nous faire ses adieux. Il s'est réconcilié
avec ma tante, qui, tout en lui faisant compliment de sa nomination, s'est montrée très-
affectée de son départ; car, malgré sa brus-
querie, c'est au fond une excellente femme
que ma tante. »

Nous pouvons juger, par cet échantillon,
de la nature des conversations de M. de Carné
et du jeune Chevert. Pendant plusieurs jours
de suite, il l'examina ainsi soit en l'interro-
geant sur son passé, soit en le faisant lire
ou écrire pour s'assurer de son degré d'instruction.

Nous avons dit en commençant que M. de
Carné avait un talent particulier pour con-
naître les hommes et savoir discerner leurs
défauts et leurs qualités. Grâce à cette faculté,
il ne tarda pas à être fixé de la manière la
plus avantageuse sur le compte du jeune
Chevert, et à former en sa faveur le projet
que nous le verrons réaliser plus tard. Cependant, avant de songer à le mettre à exécution, il voulut que son opinion fût contrôlée
par un homme dont il connaissait la sûreté de

2

coup d'œil et la rectitude de jugement : c'était l'aumônier de son régiment. Il le fit appeler, et, sans lui faire part de ses projets sur cet enfant, il le pria de l'interroger avec soin, et de faire, en quelque sorte, un contre-examen dans le genre de celui qu'il avait fait lui-même.

L'abbé Baudoin, c'était le nom de l'aumônier, se prêta volontiers aux désirs du colonel, et il remplit en conscience la mission dont on l'avait chargé. Il s'attacha d'abord à gagner la confiance du jeune Chevert ; il y réussit sans peine, et, après plusieurs jours de causerie familière avec lui, il fit part à M. de Carné de ses observations.

« Je crois, lui dit-il, qu'il y a dans cet enfant de l'étoffe pour faire un sujet distingué. Il possède en germe les plus belles qualités de l'esprit et du cœur, et en même temps quelques défauts qui pourraient devenir dangereux si on ne les extirpait de bonne heure. Il a une intelligence et une pénétration au-dessus de son âge ; il a le cœur sensible et susceptible de reconnaissance et d'amitié ;

mais il est fier, présomptueux, irascible, et ces défauts, s'ils n'étaient corrigés par l'éducation, surtout par une éducation religieuse, finiraient par étouffer ses belles qualités.

— Mon cher abbé, répondit M. de Carné, j'ai porté sur cet enfant un jugement tout à fait semblable au vôtre; je suis enchanté de voir que nos appréciations s'accordent parfaitement. Je trouve seulement que vous donnez peut-être trop d'importance à ses défauts, qui ne sont, après tout, que des défauts de son âge, et même de ses qualités poussées à l'excès. Je ne suis pas moins de votre avis qu'une éducation solide et religieuse développerait ses belles qualités, et atténuerait singulièrement ses défauts, si elle ne les extirpait pas entièrement. Eh bien, mon cher abbé, j'ai pensé à vous pour cette œuvre, que j'appelle une bonne œuvre dans toute l'acception attachée à cette expression; car il s'agit de préparer cet enfant à devenir un homme de bien, un brave et digne militaire.

— Dès l'instant que cet enfant est attaché à votre régiment, Monsieur, répondit l'abbé, il devient *mon paroissien*, et à ce titre il est de mon devoir de m'occuper de son éducation religieuse, et de le préparer à faire sa première communion ; ce sera le moyen d'en faire, comme vous le désirez, un homme de bien, un brave et digne soldat.

— Sans doute, reprit M. de Carné ; mais ce n'est pas seulement de son éducation religieuse qu'il s'agit : je désire que cet enfant reçoive, en outre, une instruction complète, comme s'il était gentilhomme ; qu'il apprenne le latin, les mathématiques, qu'il fasse un cours de belles-lettres et de philosophie. Voilà ce que je vous propose de lui enseigner ; en deux mots, je désire que vous soyez tout à la fois son père spirituel et son précepteur.

— La tâche devient plus compliquée et plus difficile, et je ne sais pas si je pourrai convenablement la remplir.

— Oh ! mon cher abbé, votre modestie vous fait vous défier de vos forces ; mais rassurez-vous, la tâche ne sera point aussi difficile que vous le craignez. D'abord il n'est pas question de faire de votre élève un savant ni un littérateur; il s'agit seulement de ne pas laisser engourdir et étouffer dans l'ignorance les facultés qu'il a reçues de la nature. Ce serait vraiment un meurtre de laisser sans culture une intelligence d'élite comme la sienne. Il faut donc aider peu à peu à son développement, et la mettre en état de se suffire à elle-même et d'atteindre, par ses propres efforts, à sa maturité. Puis, pour le moment, cette tâche sera pour vous d'autant plus facile que vous n'aurez qu'à lui enseigner, en même temps que son catéchisme, les premiers éléments des connaissances humaines, tels que les principes de la grammaire française et latine, quelques notions d'histoire et de géographie, etc. Plus tard, lorsqu'il aura fait sa première communion, nous verrons si vous aurez besoin d'un aide pour pousser plus loin son instruction, ou si nous devrons le placer dans un collége, où il compléterait ses études. Enfin, mon cher abbé, réfléchissez à ma proposition; je ne veux pas vous imposer par surprise un surcroît de besogne qui sort un peu de vos attributions. Examinez mûrement cette affaire, et donnez-moi une réponse demain, après-demain, enfin le plus tôt qu'il vous sera possible.

— Monsieur, répondit l'aumônier, mes réflexions sont toutes faites, et, d'après les explications que vous venez de me donner, j'accepte sans hésiter votre proposition. Vous avez formé le projet de donner à un pauvre orphelin sans fortune, sans parents, sans amis, le bienfait d'une bonne éducation chrétienne; c'est là une noble entreprise, une excellente œuvre de charité, et je vous rends grâce d'avoir bien voulu m'y associer. Si au premier moment j'ai paru hésiter, c'était uniquement, croyez-le bien, parce que je craignais de ne pas être à la hauteur d'une pareille tâche; mais vos explications ont dissipé mes doutes, et maintenant je suis prêt à seconder vos intentions de tous mes efforts.

— Très-bien, mon cher abbé, cela s'appelle parler. D'ailleurs, j'en étais sûr; si vous doutez de vous-même, moi je n'en doute pas. Je sais que quand il s'agit de faire le bien, on peut toujours compter sur vous. Ainsi, c'est entendu, demain vous commencerez vos fonctions de précepteur. »

Dès le lendemain, en effet, l'abbé Baudoin se mit à l'œuvre. Nous n'avons pas, comme on le pense bien, l'intention de le suivre pas à pas dans le détail des leçons et des soins qu'il donna au pupille de M. de Carné. Nous disons *pupille,* car le colonel, avant de se charger entièrement du jeune Chevert, avait eu soin de remplir les formalités nécessaires pour se faire transférer la tutelle de cet enfant. Nous constaterons seulement que ni M. de Carné, ni l'aumônier ne furent trompés dans le jugement qu'ils avaient porté sur l'heureuse nature de François Chevert. Il fit des progrès rapides dans tout ce que lui enseigna son précepteur, au point qu'au bout de deux ans celui-ci le jugea en état de faire sa première communion, quoiqu'il n'eût guère plus de onze ans.

Pendant qu'il se livrait aux études sérieuses, il n'avait pas négligé de s'instruire dans les principes de l'art militaire. Son ami, le sergent Francœur, qui était un des pre-

miers maîtres d'armes du régiment, lui donnait des leçons d'escrime, et lui apprenait à
faire l'exercice. Trois fois par semaine M. de
Carné l'envoyait au manége, où il recevait
des leçons d'équitation.

Ces différents exercices corporels alter-
naient avec ses études; c'était sa principale
récréation, et il s'y livrait avec une ardeur
qu'il fallait quelquefois modérer. Ainsi son
adresse et ses forces physiques se dévelop-
paient en même temps que son âme se forti-
fiait, et que ses facultés intellectuelles pre-
naient de l'accroissement. A l'époque de sa
première communion, c'est-à-dire vers onze
ans et demi, on lui eût donné treize à quatorze
ans au moins, tant sa taille était déjà élevée
et bien prise, tant surtout il montrait déjà de
raison et même de gravité dans la conversation quand on lui parlait de choses sérieuses;
ce qui ne l'empêchait pas, aux heures de
récréation, de se livrer aux plaisirs de son
âge avec le plus joyeux entrain.

En voyant les progrès de son pupille se
soutenir avec régularité, et garantir ainsi, en

quelque sorte, les espérances qu'il avait fondées sur l'avenir de ce jeune homme, M. de Carné avait réalisé un projet qu'il avait formé depuis longtemps, mais dont il n'avait encore fait part à personne. Il voulut le communiquer d'abord à l'abbé Baudoin, par les motifs dont il va donner lui-même l'explication.

Après donc une longue conversation, dans laquelle M. de Carné avait interrogé l'abbé sur une foule de détails concernant son élève, et en avait reçu les témoignages les plus satisfaisants, il dit tout à coup à l'aumônier : « Ainsi vous croyez que ce jeune homme pourra devenir un jour un sujet distingué ?

— C'est ma conviction, si toutefois on continue à exercer sur lui une influence salutaire ; car avec l'impétuosité de son caractère il serait à craindre, s'il était livré à lui-même, qu'il ne se laissât entraîner au mal par les mauvais conseils et les mauvais exemples. Il est donc nécessaire qu'une autorité toute paternelle comme la vôtre, Monsieur, veille encore sur lui jusqu'à ce qu'il ait atteint l'âge où la raison, l'honneur, et surtout les

principes religieux, lui donneront la force
de se maintenir par lui-même dans la bonne
voie.

— On y veillera, c'est bien mon intention.
Mais, dites-moi, mon cher abbé, vous êtes-
vous jamais demandé dans quel but j'avais
eu l'idée de donner à cet enfant du peuple,
dont la famille m'était tout à fait inconnue,
que le hasard seul m'avait fait rencontrer,
une instruction et une éducation soignée,
comme s'il fût né gentilhomme, ou même qu'il
y eût, entre sa famille et moi, quelque lien
de parenté, d'alliance ou d'ancienne amitié?

— Mon Dieu, Monsieur, je n'ai vu là, dans
le principe, qu'un acte de générosité de votre
part envers un enfant pauvre et orphelin,
dans lequel vous aviez remarqué d'heureuses
dispositions; puis, quand vous avez vu qu'il
répondait à vos soins, vous vous êtes naturellement attaché à lui comme on s'attache à
son propre ouvrage, comme on s'attache à
ceux que l'on comble de bienfaits, surtout
quand ils s'en montrent dignes. Moi-même je
me suis aussi attaché à cet enfant, et je l'aime

comme s'il était mon jeune frère ou un de
mes neveux...

— Sans doute, reprit M. de Carné, ce que
vous dites n'a pas été étranger à la détermi-
nation que j'ai prise ; mais un autre mobile,
un motif plus sérieux que la satisfaction personnelle qu'on éprouve à faire un acte de
générosité envers un sujet qui en est digne,
a dirigé ma conduite à l'égard de cet enfant.
En voyant son goût prononcé pour l'état militaire, en reconnaissant en lui des dispositions
rares, exceptionnelles, j'ai eu la pensée de
lui faire donner une éducation telle qu'il
puisse un jour devenir, non pas seulement un
brillant officier, nous n'en manquons pas de
ce genre dans l'armée française ; mais un officier réellement utile, et capable de rendre
de véritables services au roi et à la patrie.
Notre jeune noblesse nous fournit, il est vrai,
une pépinière intarissable de braves officiers,
pleins de feu, de courage et de dévouement ;
mais la plupart ignorent les premiers principes
de l'art militaire ; ils dédaignent l'instruction, comptant, pour leur avancement, sur

leur valeur, sur leur fortune, sur leur naissance, et plus encore sur les protections qu'ils
ont à la cour. Depuis que je suis à la tête
d'un régiment, j'aurais voulu rencontrer,
parmi les jeunes gentilshommes que j'ai vus
entrer au service, un sujet dans le genre de
François Chevert, afin de le diriger et de
tâcher d'en faire un officier de mérite et
d'avenir. J'ai bien trouvé, parmi nos jeunes
cadets, des individus tout aussi capables que
lui, et doués au moins d'aussi belles qualités;
mais aucun d'eux n'a voulu s'astreindre au
travail, à l'étude, et surtout à la discipline.
Enfin j'ai cru avoir rencontré dans notre pupille ce que j'avais en vain cherché parmi
notre jeune noblesse, et jusqu'à présent j'ai
tout lieu de penser ne pas m'être trompé.
Malheureusement sa naissance pouvait être
un obstacle aux desseins que j'ai sur lui...

— Pardon, monsieur le marquis, interrompit l'abbé, j'avais aussi songé à cet obstacle;
mais n'arrive-t-il pas souvent qu'un mérite
transcendant parvienne à le franchir?

— Souvent n'est pas le mot : c'est rarement qu'il faut dire; et quand un brave militaire, né dans les rangs du peuple, parvient au grade d'officier, c'est à force de longs, de pénibles et de loyaux services; de sorte que lorsqu'il obtient ce titre, qu'on désigne sous le terme méprisant d'officier de fortune, il est déjà vieux, et a déjà perdu une partie de ses forces et de son énergie. D'ailleurs, jamais on ne l'élève au rang d'officier supérieur, et les épaulettes de capitaine deviennent son bâton de maréchal.

— Mais, Monsieur, s'il en est ainsi, observa l'aumônier, n'y a-t-il pas là un abus qu'il serait utile, même de toute justice de faire cesser?

— La réponse à votre question, reprit en souriant M. de Carné, nous mènerait trop loin; je me contenterai d'une simple observation. Ce qui vous paraît, ce qui est même, si vous le voulez, un abus, a sa raison d'être, et tient à notre organisation sociale tout entière. Avant l'établissement des armées permanentes, lorsque le roi faisait la guerre, il appelait aux armes les seigneurs dépendants de son autorité, et ceux-ci accouraient sous ses bannières avec leurs contingents plus ou moins considérables, selon l'importance de leurs fiefs. Quand on a formé les armées permanentes, les seigneurs ont été naturellement appelés à les commander, comme ils commandaient autrefois les contingents féodaux. Telle est l'origine de ce privilége, qui confère exclusivement à la noblesse militaire les grades dans l'armée, surtout les grades supérieurs. Le roi lui-même, malgré sa toute-puissance, ne saurait changer un tel état de choses sans occasionner un bouleversement dont on ne peut calculer les suites (1). Cependant, ce qu'il peut faire dans des circonstances tout à fait exceptionnelles, c'est de nommer directement au grade d'officier un jeune homme sans naissance, dont un chef de corps lui a signalé le mérite, et qu'il désire faire entrer dans son régiment. C'est ce qui est arrivé pour Fabert, que le duc d'Épernon fit nommer

(1) Cet état de choses n'a été changé, en effet, que par une révolution, celle de 1789.

enseigne dans un de ses régiments; et qui, malgré son origine plébéienne, n'est pas moins parvenu à la dignité de maréchal de France. C'est ce que je me suis proposé de faire pour Chevert, qui, je l'espère, fera aussi son chemin, s'il réalise jamais les espérances qu'il semble donner aujourd'hui.

— Ainsi, Monsieur, vous songeriez à le faire nommer officier dans votre régiment? Mais ne serait-il pas à craindre que cette atteinte portée au privilége dont vous parliez tout à l'heure, n'entraînât de fâcheux désagréments pour votre protégé de la part de ceux qui se croiraient lésés par cette faveur extraordinaire?

— Non, cela n'est pas à craindre; d'abord parce que ces sortes de nominations sont si rares, si exceptionnelles, et entourées de telles formalités, qu'elles confirment le privilége de la noblesse plutôt que de lui porter atteinte; ensuite cette nomination passera presque inaperçue au milieu des nombreuses promotions nécessitées par l'état de guerre dans lequel nous nous trouvons depuis plusieurs années, et qui malheureusement n'est pas près de finir. D'ailleurs la nomination de Chevert ne sera qu'un titre provisoire, qui lui donnera le simple rang de cadet et de volontaire. Ce titre ne deviendra définitif que quand il l'aura, pour ainsi dire, confirmé par des preuves de sa capacité et de sa valeur; alors nul ne songera à le lui contester. L'avantage qu'il retirera de la position que je veux lui faire sera de pouvoir, s'il s'en rend digne, arriver aux grades supérieurs étant encore dans toute la vigueur de l'âge et du talent. Ainsi, dans cette affaire, ce n'est pas l'objection que vous venez de soulever qui m'a arrêté un instant. J'ai eu à vaincre une difficulté bien plus grande de la part du ministre de la guerre, qui ne voulait pas absolument entendre parler de cette nomination; enfin j'en ai parlé au roi lui-même dans l'audience que j'en ai obtenue à mon dernier voyage à Versailles. Je lui ai représenté combien la disette de bons officiers stratégistes se faisait sentir, et qu'il était important de préparer, par de fortes études, les jeunes gens qui montraient une aptitude exceptionnelle pour la science militaire, et de les encourager, quelle que soit leur naissance, par des moyens aussi exceptionnels. Sa Majesté a daigné approuver mes raisons, et a donné ordre à son ministre de préparer et de soumettre à sa signature une ordonnance dans le sens que je désirais. Cette ordonnance a été signée ces jours-ci par le roi, et j'en attends une expédition d'un jour à l'autre.

« Je n'ai jusqu'ici parlé de cette affaire à personne, pas même à celui qu'elle intéresse le plus. Je désire que ce secret soit encore gardé jusqu'à ce que j'aie jugé convenable de donner à la lettre patente du roi la publicité qui est due à un acte émané de l'autorité souveraine. Je veux seulement communiquer cette grande nouvelle à Chevert en particulier, en lui recommandant le secret jusqu'à nouvel ordre. C'est une épreuve que je veux tenter, afin de m'assurer de sa discrétion, et d'étudier l'effet que produira sur lui l'annonce de cette faveur inattendue. J'attends de vous, mon cher abbé, que vous me seconderez dans cette

circonstance comme vous l'avez fait jusqu'ici,
et que, tout en lui donnant des conseils sa-
lutaires sur les nouveaux devoirs auxquels
l'oblige cette faveur royale, vous observerez
avec soin l'impression qu'elle aura produite
sur son âme; et vous m'en rendrez compte.
Veuillez maintenant avoir la bonté de me l'envoyer, en lui disant simplement que j'ai une
communication importante à lui faire. »

L'aumônier sortit aussitôt de la chambre du
colonel, et un instant après Chevert frappait
doucement à la porte.

CHAPITRE III

La nomination de Chevert au grade de lieutenant dans le régiment de Carné. — Effet que produit sur lui l'annonce de cette nomination. — Il prête le serment militaire. — Explication du *de* ajouté à son nom dans l'ordonnance du roi. — Sa première campagne sous Villars. — Il est nommé lieutenant en titre dans le régiment de Beauce. — Lettre de M. de Carné. — Disgrâce et mort de M. de Carné. — Douleur de Chevert.

« Entrez ! » cria le colonel de sa voix sonore.

Et Chevert entra, rouge comme une cerise, et paraissant fortement ému.

« Ah ! c'est vous, Chevert, dit M. de Carné du ton le plus naturel. Comme vous semblez agité ! Qu'est-ce donc qui vous trouble ainsi l'esprit ? »

Rassuré par ce ton bienveillant, l'enfant répondit avec calme : « C'est M. l'aumônier qui m'a dit que vous me demandiez pour me faire une communication importante.

— Est-ce qu'il ne vous a pas dit autre chose?

— Non, Monsieur ; mais il avait, en me disant cela, un air si... si extraordinaire, que cela m'a causé une vive inquiétude, et que je me demandais en venant ici, qu'est-ce que M. le colonel peut bien avoir à me communiquer?

— Le voici, reprit le colonel en lui présentant un papier qu'il tenait à la main, et vous allez voir que M. l'aumônier avait raison d'appeler cela une communication importante. Lisez à haute voix, ajouta-t-il en lui donnant la feuille ; lisez d'un bout à l'autre, depuis l'en-tête jusqu'à la signature, sans omettre un seul mot. »

Chevert prit le papier, non sans être fortement intrigué, et lut ce qui suit :

MINISTÈRE DE LA GUERRE.

Versailles, le 15 novembre 1706.

A M. le marquis de Carné, colonel-propriétaire
du régiment de ce nom.

« Monsieur le colonel,

« J'ai l'honneur de vous informer que, par
« lettres patentes signées à Marly par le roi,
« Sa Majesté, conformément à votre demande,
« a daigné conférer au sieur François de Che-
« vert, né à Verdun-sur-Meuse, le 5 février
« 1695, le grade de lieutenant avec titre de
« cadet volontaire dans votre régiment. Vous
« recevrez sous peu ampliation authentique
« de l'ordonnance de Sa Majesté, et vous ferez
« reconnaître ledit sieur Chevert en la qua-
« lité susdite, devant votre régiment assem-
« blé, en même temps que vous lui ferez
« prêter serment de la manière indiquée par
« les règlements. De tout quoi procès-verbal
« sera dressé par le commissaire des guerres

« de Sarrelouis, lequel nous en enverra une
« expédition en due forme.

« Recevez, monsieur le colonel, etc.

« Le secrétaire d'État, ministre de la guerre
« et contrôleur général des finances,

« *Signé* : CHAMILLARD. »

Après avoir lu cette lettre à haute voix,
Chevert la relut une seconde fois des yeux
seulement, comme pour s'assurer si c'était
bien de lui qu'il était question dans cette dépêche du ministre. M. de Carné, qui devinait
sa pensée, le regardait en souriant, et lui
dit avec bonté : « Eh bien ! mon lieutenant,
M. l'aumônier n'avait-il pas raison de vous
annoncer que j'avais à vous faire une communication de la plus haute importance ?

— Oh ! Monsieur, répondit, ou plutôt bal-
butia Chevert, dont l'émotion étouffait la
voix, à peine si je puis en croire mes yeux…;
et si je ne voyais pas là le sceau du ministre
et sa signature, si surtout cette dépêche ne
m'était pas présentée par vous, je me croirais
le jouet d'une illusion.

— Rien n'est pourtant plus réel; et maintenant qu'il ne peut vous rester aucun doute, j'espère que votre cœur se montrera plein de reconnaissance pour notre grand roi, et que vous vous efforcerez de vous rendre digne de la faveur qu'il a bien voulu vous accorder; car, et vous ne pouvez avoir à cet égard l'ombre d'un doute, cette faveur n'est pas et ne saurait être une récompense; elle n'est donc qu'un encouragement pour l'avenir, et en l'acceptant vous contracterez l'engagement formel de la mériter par votre conduite, votre courage et votre dévouement au roi.

— Oui, Monsieur, je sens tout ce que cette grâce insigne m'impose de reconnaissance envers Sa Majesté; mais je sens aussi pour une autre personne mon cœur déborder de reconnaissance et d'affection filiale, au point que ma bouche est impuissante à l'exprimer...; c'est celui qui depuis trois ans me sert de père, qui me prodigue journellement ses bontés, et qui vient d'y mettre le comble en m'obtenant cette faveur royale... C'est vous, Monsieur, à qui je dois tout, et à qui je ne sais comment témoigner ma gratitude. » Et, en disant ces mots, sa poitrine se gonflait, sa voix était comme étouffée, et des larmes remplissaient ses yeux.

« Calmez-vous, mon ami, » lui dit M. de Carné, ayant peine à contenir lui-même l'émotion que lui causait cette manifestation si expressive, si sincère des sentiments dont le cœur de son pupille était pénétré. Il y eut un instant de silence, pendant lequel M. de Carné, reprenant son sang-froid, continua ainsi d'une voix grave : « Mon cher Chevert, ce que j'ai fait pour vous, comme je le disais encore tout à l'heure à notre digne aumônier, votre précepteur, je ne l'ai fait que dans l'espoir qu'un jour vous seriez un officier brave, instruit, et capable de rendre d'utiles services au roi et à la patrie. Vous ne saviez, disiez-vous tout à l'heure, comment me témoigner votre reconnaissance; eh bien, je vais vous en indiquer le moyen, le seul qui puisse me convenir et que je veuille accepter : c'est de ne pas tromper cet espoir que j'ai mis en vous; c'est de travailler sans relâche à

vous rendre digne de l'honneur que le roi
vous fait aujourd'hui, de manière qu'il ne me
fasse pas un jour le reproche d'avoir abusé
de sa confiance en lui proposant d'admettre
au nombre des officiers de son armée un sujet
qui ne méritait pas cette distinction. Voilà
tout ce que j'exige de vous; me le promettez-
vous?

— Oh! de grand cœur, s'écria Chevert avec
exaltation. Oui, Monsieur, je vous le promets,
et je jure d'employer toutes les forces de
mon âme et de mon cœur, de sacrifier ma vie
même au besoin, à l'accomplissement de cette
promesse.

— Bien, mon ami, très-bien; seulement
votre parole me suffisait, et vous n'aviez pas
besoin de jurer. Le serment est une chose
sacrée qui ne doit pas se prodiguer. Bientôt
vous serez appelé à en prononcer un qui sera
la ratification solennelle de la promesse que
vous venez de me faire aujourd'hui : cela suf-
fira. Préparez-vous à cet acte important en
vous pénétrant des devoirs et des obligations
que ce serment vous imposera. Consultez à

cet égard votre digne ami, votre précepteur,
l'abbé Baudoin; il vous éclairera sur la nature et l'importance du serment militaire.
Lui seul connaît la nouvelle que je viens de
vous communiquer; je lui en ai fait part
parce que je sais tout l'attachement qu'il a
pour vous, et j'étais persuadé que cette nouvelle lui ferait le plus grand plaisir; mais je
désire que jusqu'à nouvel ordre elle reste
entre nous trois. Je vous recommande donc
le secret comme je l'ai recommandé à notre
aumônier; je suis sûr de sa discrétion, puis-je
compter sur la vôtre?

— Oui, Monsieur, vous pouvez y compter
en toute assurance; je ne vous le jure pas,
parce que vous venez de me rappeler qu'il
ne fallait pas jurer légèrement; mais je vous
en donne ma parole d'honneur.

— C'est bien. Maintenant allez retrouver
l'abbé Baudoin, et reprenez vos études avec
une nouvelle ardeur; car vous avez besoin
d'une solide instruction pour ne pas paraître
au-dessous du rang que vous allez occuper. »

Quelques jours après l'entretien que nous

venons de rapporter, M. de Carné reçut l'ampliation de l'ordonnance du roi, qui nommait
François *de* Chevert lieutenant au régiment
de Carné. Il en donna lecture à son pupille
en présence de l'abbé Baudoin, en leur recommandant encore le secret jusqu'à l'arrivée
d'une partie du régiment qui avait été déta-
chée en Flandre, et qui rentrerait bientôt
prendre ses quartiers d'hiver. Il désirait,
disait-il, proclamer solennellement Chevert
en présence de tout le corps, en même temps
qu'il publierait d'autres promotions dont il
attendait incessamment les brevets du ministère.

Chevert ne fit aucune observation sur ce
retard, qui intérieurement le contrariait un
peu; il demanda seulement à son protecteur
comment il se faisait que dans l'ordonnance
dont il venait de donner lecture, ainsi que
dans la lettre d'avis du ministre, on l'appelait
de Chevert, tandis que son nom était Chevert
tout court, sans particule nobiliaire, à laquelle
d'ailleurs sa naissance ne lui donnait aucun
droit.

« Ceci, mon garçon, répondit en souriant M. de Carné, est une gracieuseté de Sa Majesté, dont il est à propos de vous donner l'explication. Il n'est pas d'usage, comme vous le savez, de nommer officiers-cadets dans les régiments des jeunes gens qui ne sont pas gentilshommes; ce nom même de *cadet* implique l'idée que celui qui le porte fait partie des puînés d'une famille noble. Pour ne pas paraître déroger à cet usage, quand le roi daigne accorder à un roturier une faveur de ce genre, il ajoute à son nom cette particule, qui ne lui confère pas la noblesse, mais qui est, en quelque sorte, une pierre d'attente, un espoir que plus tard ce titre de gentilhomme pourra lui être régulièrement octroyé s'il s'en rend digne par sa bonne conduite, son courage et ses belles actions. Ayez donc et conservez toujours la noblesse du cœur, qui est la première de toutes, et vous obtiendrez plus tard celle des parchemins si vous la désirez. »

Pendant le temps qui s'écoula jusqu'à la promulgation dont il avait parlé, M. de Carné continua à suivre de près la conduite et les progrès de son pupille. Souvent il avait à son sujet des entretiens avec l'aumônier, et il reconnut avec une vive satisfaction que la conduite de son protégé ne s'était pas démentie un seul instant, et que son caractère avait même acquis une certaine maturité depuis qu'il avait appris sa nomination au rang d'officier.

« C'est quelque chose de surprenant, lui dit un jour l'abbé Baudoin, comme la nouvelle de sa promotion a changé ce jeune homme à son avantage. Je vous avoue qu'au premier moment j'avais craint qu'elle ne produisît sur lui un effet tout contraire, qu'elle n'augmentât sa présomption, et qu'elle ne le rendît vain, étourdi, léger, paresseux, comme le sont la plupart de nos jeunes cadets dans les régiments. Eh bien, c'est tout le contraire qui est arrivé : depuis ce moment il a pris de l'aplomb, du sérieux, je dirais presque de la gravité, s'il ne se livrait encore parfois à des excès de gaieté folle qui appartiennent à son âge. Il est devenu beaucoup plus réfléchi,

beaucoup plus studieux; on dirait qu'il sent
le besoin de conquérir, en quelque sorte de
droit, la place qu'il n'a obtenue que par la
faveur.

— Je suis content de ce que vous me dites,
mon cher abbé, répondit M. de Carné, d'autant plus que votre opinion concorde parfaitement avec mes propres observations. Voilà
l'épreuve à laquelle je voulais le soumettre
avant de le proclamer officiellement. Il s'en
est tiré on ne peut plus honorablement, j'en
suis très-heureux; car s'il n'eût pas répondu
à mon attente, je n'aurais pas hésité à ren-
voyer sa nomination au roi, en déclarant que
je m'étais trompé sur son compte. Jugez quel
chagrin et quel désagrément en seraient ré-
sultés pour moi. »

Enfin la cérémonie eut lieu dans les premiers jours de janvier 1707 (1). Sa nomination,

(1) L'ampliation de l'ordonnance du roi qui nomme Chevert lieutenant au régiment de Carné, faisait partie des
papiers remis à sa famille après sa mort, ainsi que le certificat du commissaire des guerres qui lui fit prêter serment,
daté de Sarrelouis, où il fut reçu au mois de janvier 1707.
— Voir *Mercure de France* du mois de mai 1769.

loin de soulever aucune réclamation, comme
l'avait craint l'abbé Baudoin, fut accueillie
par les applaudissements de tout le corps d'officiers du régiment de Carné. Sans doute la
protection dont l'avait constamment honoré
le colonel depuis son arrivée au régiment
n'était pas étrangère à cet accueil; mais, d'un
autre côté, il avait su par lui-même, par son
air martial et résolu, par son intelligence, sa
franchise, ses reparties vives et spirituelles,
gagner l'affection de tout le monde, officiers
et soldats. Personne ne fut donc surpris de
cette distinction; ou ne songea à la critiquer
en raison de l'origine plébéienne de celui qui
en était l'objet. D'ailleurs, dès qu'un acte authentique émané directement de l'autorité
royale appelait le nouveau lieutenant *sieur de*
Chevert, nul ne se serait avisé de réclamer
contre cette qualification, qui en faisait en
quelque sorte un gentilhomme. On sait jusqu'à quel point, à cette époque, on portait
le respect pour tout ce qui venait du souve-
rain, et pour une simple parole qu'il avait
prononcée. Ainsi plusieurs personnages se

sont regardés comme anoblis parce que le roi, en leur parlant, leur avait donné du *de*, et ils ont continué à se croire et à se faire croire gentilshommes, sans avoir jamais eu d'autres titres de noblesse que ce monosyllabe, sorti par hasard ou par politesse de la bouche royale.

Après sa réception, Chevert reprit ses travaux, et surtout les exercices militaires. Il commença à faire régulièrement le service, et comme il connaissait parfaitement la théorie, on l'employa souvent à l'instruction des recrues. Au printemps de cette année, le régiment de Carné, qui faisait partie de l'armée d'Alsace sous le commandement du maréchal de Villars, prit part à la brillante expédition que ce grand capitaine fit en Allemagne. Chevert demanda et obtint la permission de faire alors sa première campagne. Il assista à la prise des fameuses lignes de Stolhoffen, que l'on regardait comme un rempart inexpugnable suffisant à garantir l'Allemagne d'une invasion française de ce côté. Cependant Villars, par d'habiles manœuvres, parvint à s'emparer de ces lignes, après avoir forcé l'ennemi à les abandonner presque sans combat. Il suivit son régiment dans diverses incursions dans le Wurtemberg et dans la Franconie, se trouva à plusieurs actions de peu d'importance qui eurent lieu dans les mois d'août et de septembre, et enfin rentra avec le reste de l'armée, vers la fin d'octobre, sur la rive gauche du Rhin.

Tous les incidents de cette première campagne restèrent profondément gravés dans la mémoire de Chevert, comme tous les événements qui nous frappent dans notre première jeunesse, et dont le souvenir se conserve dans l'âge le plus avancé. Il était trop jeune alors pour pouvoir se rendre compte des faits de guerre dont il était témoin ; mais plus tard, en les repassant dans sa mémoire, il en rechercha les causes, et il comprit les motifs qui avaient déterminé le maréchal de Villars à agir de telle ou telle façon dans les diverses circonstances où il s'était trouvé. Ce fut pour lui une première leçon de grande stratégie, dont il conserva toujours le souvenir.

Deux à trois ans s'écoulèrent sans que nous ayons à noter aucun incident remarquable dans la vie de notre héros. Vers la fin de 1710, M. de Carné fut nommé maréchal de camp (général de brigade), et il vendit son régiment, qui prit le nom de son nouveau colonel. A cette occasion, il se fit de nombreux changements dans le corps d'officiers. Plusieurs quittèrent le régiment, et furent remplacés par des créatures du nouveau colonel. Avant de s'éloigner, M. de Carné fit appeler Chevert, et lui demanda s'il désirait rester dans le même corps ou en changer. « Monsieur, répondit celui-ci, votre départ, celui de l'abbé Baudoin et de plusieurs officiers qui m'honoraient de leur amitié, va faire autour de moi un vide qui me sera pénible à supporter...

— Et qui fait, interrompit M. de Carné en souriant, que vous ne seriez pas fâché de changer de régiment; je vous comprends, et je vous promets de m'en occuper aussitôt mon arrivée à Versailles. Mais dans quel régiment désireriez-vous entrer ?

— S'il était possible, je désirerais entrer

dans le régiment de Beauce, parce que plusieurs de nos officiers y sont incorporés, et qu'ils m'ont témoigné le désir de m'avoir de nouveau pour camarade.

— Dans le régiment de Beauce ! cela ne sera peut-être pas facile : c'est un régiment qui a un autre consistance que notre pauvre régiment de Carné, et n'y est pas admis qui veut. Enfin nous verrons. »

Quelques mois après, Chevert recevait le brevet, non plus de cadet, mais de lieutenant en titre dans le régiment de Beauce infanterie. La lettre de M. de Carné, lui annonçant cette nomination, était conçue en ces termes :

« Mon cher Chevert,

« J'ai le plaisir de vous annoncer que, con-
« formément à votre demande, Sa Majesté a
« daigné signer, le 1ᵉʳ de ce mois, votre no-
« mination au grade de lieutenant dans le
« régiment de Beauce. Quoique je n'aie pas
« été étranger à l'obtention de cette nouvelle

« faveur du roi, je ne suis pas le seul que
« vous ayez à en remercier. Votre demande
« a été chaleureusement appuyée par le
« colonel et les officiers du régiment de
« Beauce, qui, ayant sans doute entendu
« parler de vous d'une manière favorable par
« vos anciens camarades de mon ancien ré-
« giment, ont manifesté le désir de vous avoir
« parmi eux. Je dois même vous dire que
« leur sollicitation a plus contribué que mes
« démarches au succès de cette affaire. Je n'ai
« pas besoin de vous dire ce à quoi vous
« oblige cette conduite de vos futurs cama-
« rades ; votre cœur vous inspirera mieux
« que je ne pourrais le faire moi-même.

« Enfin, mon cher Chevert, vous voilà
« maintenant casé d'une manière définitive.
« Vous avez, comme on dit vulgairement, le
« pied à l'étrier : vous pouvez désormais
« avancer seul dans la carrière ouverte de-
« vant vous; vous n'avez plus besoin de pro-
« tecteur, et vous ne devez compter que sur
« vous-même. Vous ne pouvez même plus
« guère compter sur moi; non pas, croyez-le

« bien, que si l'occasion se présentait de
« vous être utile je ne m'y emploierais, avec
« le plus grand plaisir, dans la mesure de
« mon pouvoir; mais dorénavant, je dois
« vous en prévenir, ce pouvoir sera bien
« borné et ira toujours en s'affaiblissant; car
« l'âge et les infirmités me forcent de me
« retirer du service, et d'aller attendre dans
« la retraite qu'il plaise à Dieu de m'appeler
« à lui. Le grade d'officier général que j'ai
« sollicité est purement honorifique, et je
« n'en exercerai jamais les fonctions. Une
« fois éloigné de la cour, une fois que j'aurai
« cessé d'être en relation avec le ministère et
« les hauts personnages qui sont au pouvoir,
« je serai bientôt oublié, et toute l'influence,
« tout le crédit dont je jouissais s'évanouira
« comme une ombre. J'ai déjà éprouvé l'af-
« faiblissement de ce crédit à l'occasion de
« votre dernière demande; car, je vous le
« répète, sans l'appui qu'elle a trouvé dans
« l'intervention des officiers de Beauce, il
« est fort possible qu'elle n'eût pas été ac-
« cueillie aussi favorablement ni aussi promp-

3

« tement qu'elle l'a été. Je regretterais pour
« vous la perte de cette influence si elle vous
« était encore aussi nécessaire qu'à votre
« début; mais aujourd'hui, comme je viens
« de vous le dire, elle vous est inutile, et
« c'est vous qui devez être votre propre pro-
« tecteur. Pour moi, quel que soit l'isole-
« ment dans lequel je vais vivre désormais,
« je prendrai toujours un vif intérêt à ce qui
« vous regarde, et les nouvelles qui m'annon-
« ceront vos succès seront les plus agréables
« distractions de ma solitude, et les plus
« douces consolations de mon exil. »

Si la nouvelle que lui apportait cette lettre
comblait Chevert de joie, la seconde partie
de cette même épître l'affecta péniblement.
Elle était empreinte d'un cachet de tristesse
et de mélancolie qu'il ne pouvait s'expliquer.
Ce ne fut que plus tard, et lorsqu'il eut re-
joint le régiment de Beauce, qu'il apprit le
mot de cette énigme. M. de Carné avait été un
des amis, ou, si l'on veut, une des créatures
les plus dévouée du ministre Chamillard. La
disgrâce de celui-ci, arrivée vers la fin de

1709, entraîna celle de M. de Carné. Il essaya de se soutenir encore ; mais il ne put y réussir. On l'obligea de vendre son régiment, et si on lui donna comme fiche de consolation le titre purement honoraire de maréchal de camp, d'un autre côté on l'invita à se retirer dans ses terres pour y rétablir sa santé. C'était un véritable exil, et on a pu remarquer que le mot lui échappe à la fin de sa lettre. Loin de recouvrer sa santé, qui du reste n'était pas altérée, il tomba bientôt malade de chagrin, et mourut dans les premiers mois de l'année 1712.

Nous n'avons pas besoin de dire combien Chevert fut touché de la disgrâce de son tuteur et affligé de sa mort. Le temps seul, et les graves événements auxquels il prit part dans cette même année 1712, ainsi que nous le verrons dans le chapitre suivant, adoucirent peu à peu ses regrets ; mais il conserva toute sa vie un pieux souvenir de reconnaissance pour son protecteur, qu'il appelait son second père.

CHAPITRE IV

Accueil que reçoit Chevert des officiers du régiment de
Beauce. — Bataille de Denain. — Prise de Landau. —
Paix d'Utrecht. — Pendant la paix il est nommé capi-
taine, puis major, et enfin lieutenant-colonel du régi-
ment de Beauce. — Transformation du régiment de
Beauce. — Portrait de Chevert à cette époque. — Cam-
pagne d'Italie. — Guerre de la succession d'Autriche. —
Ses causes.

Chevert reçut l'accueil le plus flatteur de ses
nouveaux camarades du régiment de Beauce.
En insistant pour l'attacher à leur corps, « il
semble, dit un de ses biographes, que les
officiers de Beauce avaient prévu combien il
devrait contribuer un jour à la célébrité de
leur régiment. »

Il les remercia chaleureusement, mais avec une certaine dignité, de la démarche qu'ils avaient faite auprès du ministre en sa faveur. « C'est une grande obligation que j'ai contractée envers vous, leur dit-il; mais je sens dans mon cœur un fonds de reconnaissance suffisant, je l'espère, pour acquitter cette dette. »

En peu de temps il se fit aimer de ses chefs par son exactitude à remplir ses devoirs; de de ses égaux, par la franchise et l'aménité de son caractère; de ses inférieurs, par la bonté, la simplicité de son langage, et une certaine familiarité discrète et toujours contenue dans de justes bornes. Bientôt les dangers de la guerre, qu'il allait partager avec son régiment, devaient encore resserrer cette fraternité d'armes.

On était arrivé à la dernière année de cette guerre sanglante et désastreuse que la France soutenait, depuis douze ans, contre presque toute l'Europe, pour assurer la succession du trône d'Espagne à un petit-fils de Louis XIV. Quelques-unes des puissances coalisées contre nous commençaient à se lasser de la guerre, et dans le mois de janvier 1712, les ministres de France, d'Angleterre, de Hollande et de Savoie s'étaient réunis en congrès à Utrecht pour négocier les bases de la paix. Mais, malgré ces négociations, il n'y avait encore aucune suspension d'armes ; l'Empereur et tous les princes d'Allemagne, qui n'avaient voulu prendre aucune part aux négociations d'Utrecht, poursuivaient les hostilités avec acharnement. Le prince Eugène de Savoie, un des plus grands généraux de cette époque, commandait l'armée impériale, et ne donnait aucun relâche aux Français. Cependant la reine Anne d'Angleterre signa une suspension d'armes avec la France, et engagea ses alliés à l'imiter. Mais le prince Eugène, loin de consentir à cet armistice, investit le Quesnoy, et, après une vigoureuse résistance, il força cette place à capituler (3 juillet). Il vint ensuite mettre le siége devant Landrecies, place bien plus faible que le Quesnoy, et qui était hors d'état de résister longtemps à l'armée formidable que commandait le prince

Eugène. La prise de cette ville, qui ne pouvait tenir que quinze à vingt jours au plus, ouvrait la Picardie et la Champagne aux incursions des alliés, qui en quelques jours de marche pouvaient se porter sur Paris.

L'alarme fut grande dans cette ville. Un grand nombre de courtisans voulaient persuader à Louis XIV de ne point attendre les ennemis auprès d'une capitale tout ouverte, et de se retirer à Blois ou à Chambord; mais le roi, plus ferme qu'eux tous, écrivit à Villars de chercher l'ennemi, de livrer bataille et de dégager Landrecies. S'il était vaincu, Louis, alors âgé de soixante-quatorze ans, déclarait qu'il se porterait à Péronne ou à Saint-Quentin pour y recueillir les débris de l'armée, qu'il appellerait à lui toute la noblesse du royaume, et qu'il vaincrait ou périrait dans un dernier combat.

Villars, pour obéir aux ordres du roi, avait réuni son armée, et marchait résolûment à l'ennemi, en manœuvrant toutefois de manière à l'attaquer de la manière la plus avantageuse. Ses soldats brûlaient d'en venir aux mains, et parmi les régiments qui composaient le corps d'armée principal, celui de Beauce se faisait remarquer par son ardeur guerrière. Chevert était heureux de se retrouver une seconde fois sous les ordres de Villars, et pour ranimer la confiance de ses compagnons d'armes, il leur rappelait la brillante campagne du maréchal, cinq ans auparavant, lorsqu'il avait si habilement surpris et enlevé les lignes de Stolhoffen.

Cependant Eugène, quoique supérieur à Villars de plus de vingt mille hommes, n'avait négligé aucune précaution pour couvrir le siége de Landrecies. Il avait partagé son armée en trois corps : le premier, sous le prince d'Anhalt-Dessau et le général Fagel, faisait le siége de Landrecies; le second, le plus fort des trois, sous Eugène en personne, était établi sur l'Escaillon pour couvrir le siége; le troisième, sous le comte d'Albemarle, était posté dans un camp retranché, à Denain, sur l'Escaut, entre Valenciennes et Bouchain, pour assurer les convois qui allaient des magasins de Marchiennes au camp de Landrecies. D'an-

ciennes lignes françaises de 1709, réparées
et augmentées; barraient le pays entre l'Escaut et la Scarpe, et faisaient communiquer
à couvert le camp de Denain avec Marchiennes,
où les alliés avaient établi leur entrepôt général de munitions de guerre et de bouche.
Les alliés appelaient ces deux lignes parallèles
le chemin de Paris.

Le prince Eugène se croyait inexpugnable
dans ces retranchements, quoique son armée
fût trop étendue; mais il était persuadé que
le général français, beaucoup plus faible que
lui, n'oserait pas l'attaquer, et que ses instructions lui prescrivaient, comme l'année précédente, d'être circonspect et de ne rien ha-
sarder dans aucun cas.

Bientôt les mouvements de Villars firent
revenir Eugène de son opinion. Ce maréchal
s'était déployé entre Cambrai et Landrécies,
avait passé la Selle près de sa source, et paraissait se disposer à assaillir la circonvallation des assiégeants. Eugène se concentra pour
soutenir les lignes de siége; et comme ces
lignes étaient très-fortes, la victoire lui sem-

blait assurée. C'était aussi l'opinion des lieutenants de Villars, qui trouvaient leur chef
bien hasardeux. Les soldats pensaient diffé-
remment, et ne demandaient qu'à combattre.
Le 23 juillet au soir, ordre fut donné à l'armée de se tenir prête à attaquer les assiégeants
le lendemain matin à la pointe du jour. Aux
premières lueurs de l'aurore, un corps de
dragons posté en avant avait déjà commencé
l'attaque. Le régiment de Beauce, placé à
l'avant-garde, s'apprêtait à soutenir les dragons, lorsque arriva l'ordre à tout le gros de
l'armée de faire demi-tour à gauche, et de
suivre une autre direction.

Ce mouvement, dont personne ne compre-
nait le motif, fit murmurer les soldats et
même les officiers, qui croyaient qu'on tour-
nait le dos à l'ennemi. Chevert, entendant
autour de lui quelques officiers de Beauce se
faire l'écho de ces bruits, qui n'allaient à rien
moins qu'à accuser le général en chef de
couardise, gardait le silence, n'osant pas devant ses anciens émettre son avis. Enfin, in-
terpellé par l'un d'eux sur ce qu'il pensait

de cette retraite qu'on leur faisait exécuter en présence de l'ennemi, sans seulement avoir tiré un coup de fusil, il répondit : « Je suis trop jeune, et je n'ai pas assez d'expérience pour me permettre de juger les manœuvres d'un grand général comme M. de Villars; seulement je me rappelle que lorsqu'il entreprit d'enlever à l'ennemi les fameuses lignes de Stolhoffen, il passa le Rhin sur le pont de Kehl avec tout son état-major et une partie de son armée, affectant de se faire voir, pour persuader aux ennemis qu'il voulait attaquer les lignes de front, entre la rive droite du Rhin et les montagnes. Le général ennemi s'y trompa, en effet, et porta toutes ses forces de ce côté; pendant ce temps-là une troupe d'élite, commandée par les comtes de Broglie et de Vivonne, passait le Rhin beaucoup plus bas, trouvait les lignes dégarnies de ce côté, et s'en emparait presque sans coup férir. Ce succès eut pour résultat de faire abandonner les lignes entières par l'ennemi. Peut-être est-ce une ruse de ce genre que tente en ce moment le maréchal; dans tous les cas, je crois qu'il ne faut pas se presser de juger l'espèce de retraite que nous opérons en ce moment. »

A peine Chevert achevait-il de parler, qu'un aide de camp arriva au galop pour presser la marche des troupes, annonçant que c'était sur le camp retranché de Denain que l'attaque allait se porter; que déjà la cavalerie française avait déblayé le chemin, et s'était mise en communication avec la garnison française de Valenciennes, qui s'apprêtait à prendre l'ennemi à revers. Ces nouvelles furent reçues avec enthousiasme par les troupes, et les cris de : Vive le roi! vive Villars! succédèrent aux murmures de tout à l'heure. Les camarades de Chevert lui serrèrent la main en le félicitant d'avoir deviné si juste.

Malgré l'ardeur avec laquelle on avait repris la marche, il était plus de midi quand on arriva en vue du camp de Denain, au point indiqué par l'aide de camp. Villars fit prendre quelque repos aux troupes, et, placé sur une hauteur, il observait les mouvements de l'ennemi. Le prince Eugène, averti dans la mati-

née de la marche des Français, avait envoyé
en toute hâte renforcer Albemarle de quelques bataillons postés vers Thian, à la droite
de l'Escaut; le conjurant de tout faire pour
tenir jusqu'à l'arrivée du gros des alliés. Déjà
on apercevait au loin, sur les plateaux, les
têtes de colonnes ennemies qui arrivaient au
secours de Denain.

Il était deux heures. Villars sentit qu'il
n'avait pas un instant à perdre, et qu'il fallait
enlever la victoire au pas de course. Les
troupes firent une courte prière, pendant laquelle les aumôniers leur donnèrent la béné-
diction, puis, au cri de : « Dieu et le roi ! »
elles se précipitèrent à l'assaut des retranchements, avec cette *furie française* qu'un feu
effroyable de canon et de mousqueterie ne put
ralentir. Heureusement le fossé était peu pro-
fond, et la levée peu solide; le parapet s'é-
boula, et nos fantassins, ceux de Beauce en
tête, se jetèrent avec intrépidité dans le re-
tranchement. Presque en même temps la cavalerie se faisait une ouverture sur un autre
point. Les ennemis en désordre abandonnè-

rent les retranchements, et essayèrent de se
rallier dans le village et l'abbaye de Denain.
Ils y furent forcés; le comte d'Albemarle,
plusieurs princes allemands et un grand nombre d'officiers furent enveloppés et pris. Tout
le reste se précipita en pleine déroute vers le
pont de bateaux qu'ils avaient sur l'Escaut.
Le pont croula sous les fuyards; presque tout
fut pris, tué ou noyé; quatre généraux péri-
rent; de dix-sept bataillons qui avaient défendu les retranchements de Denain, il ne se
se sauva pas quatre cents hommes. Ce premier succès avait été si rapidement obtenu,
que quand les troupes du prince Eugène arri-
vèrent tout était terminé. Elles tentèrent
pourtant de reprendre l'offensive; mais, arri-
vant à la file, elles ne réussirent qu'à se faire
battre les unes après les autres, et à rendre
la victoire de Villars plus complète. Rarement,
en effet, victoire fut aussi belle et moins
contestée. L'ennemi perdit dans l'action huit
mille hommes et douze canons; les Français
cinq cents hommes au plus; Villars envoya
soixante drapeaux à Versailles, dont les murs

en deuil avaient perdu l'habitude de ces tentures glorieuses!

La levée du siége de Landrecies, la prise de Marchiennes avec tout le magasin de réserve des ennemis, où se trouvaient, entre autres, cent pièces de canon, dont soixante de siége, la reprise du Quesnoy, de Douai, de Bouchain, etc., furent les premiers fruits de la victoire de Denain, et de cette fameuse campagne de 1712, qui avait, tout à coup et sans transition, reporté la France du fond de l'abîme jusque sur les hauteurs glorieuses d'où elle était depuis longtemps descendue.

Mais le plus important résultat de la bataille de Denain fut le traité de paix d'Utrecht, entre la France, l'Espagne, l'Angleterre et la Hollande, qui termina, à des conditions honorables pour la France, la guerre de la succession d'Espagne (11 avril 1713).

La maison d'Autriche seule refusa d'accéder à ce traité, et continua les hostilités. Villars eut encore à soutenir l'honneur de la France contre le même adversaire qui commandait l'armée impériale. Mais le général français con-

serva dans la campagne de 1713 la supériorité qu'il avait eue l'année précédente. Enfin
la prise de Landau, et surtout celle de Fribourg, déterminèrent l'empereur à consentir
à la paix. Elle fut négociée par les deux
grands généraux qui avaient si vaillamment
combattu l'un contre l'autre, et qui, malgré
leur antagonisme, étaient depuis longtemps
liés d'une véritable amitié. Ils signèrent la
paix à Radstadt, le 6 mars 1714, aux conditions qui avaient été réservées à l'Autriche
par le traité d'Utrecht, et auxquelles l'empereur n'avait pas voulu d'abord consentir.

Chevert avait fait avec son régiment la campagne de 1713. Il s'était signalé au siége de
Landau, comme à l'attaque de Denain et aux
diverses affaires auxquelles il avait pris part
pendant la campagne de 1712. Cependant il
n'eut point de part aux récompenses ni à
l'avancement qui furent accordés à plusieurs
officiers de son régiment à la suite de ces
deux campagnes; mais il n'eut pas lieu de s'en
plaindre, car tout le monde avait fait son
devoir, et, dans ces cas-là, il est de toute

justice que, dans la distribution des récompenses, les plus anciens soient préférés aux plus jeunes et aux derniers venus. Mais d'excellentes notes sur sa conduite restèrent comme une pierre d'attente, et le signalèrent pour l'avenir.

Une période de dix-neuf ans de paix succéda aux grandes et longues guerres du règne de Louis XIV. La carrière des armes n'offrait plus les mêmes chances d'avancement qu'aux époques où la France entretenait trois ou quatre grandes armées en Flandre, en Allemagne, en Italie ou en Espagne. Les troupes étaient réduites sur le pied de paix ; il y avait plus d'officiers qu'il n'en fallait pour remplir les cadres, et plus que jamais, à quelques rares exceptions, l'avancement était donné à la naissance ou à la faveur. Cependant Chevert, sans autre protection que son mérite, fut nommé capitaine à vingt-six ans (17 septembre 1721), et sept ans plus tard, major du régiment de Beauce (1er mars 1728).

Parvenu à trente-trois ans au grade d'officier supérieur, il s'appliqua à mettre en pratiqué les études sérieuses qu'il avait faites pendant les loisirs que lui avait laissés la vie de garnison. Le colonel lui avait donné carte blanche, et « bientôt l'esprit d'ordre et d'arrangement, une application suivie à l'étude de la tactique, le mirent en état d'instruire, de former ce régiment; d'en faire, pour ainsi dire, un nouveau corps dont il était l'âme. Il le porta à un tel point de discipline et de tenue, d'obéissance et d'émulation, d'aisance et de fierté dans le maintien, d'agilité et d'ensemble dans la marche, de prestesse dans les mouvements, de célérité et de précision dans les manœuvres, que les autres corps se firent gloire de l'imiter; il servit d'exemple sans avoir eu de modèle (1). »

Ajoutons que, pour obtenir de tels résultats, il n'eut jamais besoin de recourir à des moyens de rigueur ni à une sévérité intempestive. Avant de prendre une mesure importante, il la communiquait aux officiers, leur en démontrait les avantages, et elle était or-

(1) Éloge de Chevert, *Mercure de France*, 1769.

dinairement adoptée à l'unanimité. Si quelqu'un avait à faire des observations, il les
écoutait attentivement, répondait aux objec-
tions, ou apportait au besoin quelques modifi-
cations à son plan primitif. Si l'on craignait
que la mesure ne rencontrât quelque difficulté
pour l'exécution de la part des troupes, Chevert s'adressait lui-même aux sous-officiers
et aux soldats, leur parlait dans un langage
simple, au besoin familier, et ne manquait
jamais de les entraîner à sa volonté. Il savait,
avec un art admirable, faire vibrer la fibre de
l'honneur, toujours si sensible chez le soldat
français.

Au reste, pour expliquer l'influence qu'il
exerçait sur ses subordonnés, nous ne sau-
rions mieux faire que de reproduire le portrait qu'a tracé de Chevert un de ses contem-
porains : « A une taille avantageuse et bien
proportionnée il joignait une physionomie
intéressante, également douce et fière ; une
pénétration vive, un jugement sûr et exquis ;
un amour de la gloire, et, disons-le, puisque
les moyens en furent toujours honnêtes, une

ambition qui détruisit ou domina ses autres passions; une constance et une fermeté que rien ne lassait. Plus capable de se roidir contre les difficultés que de se plier aux circonstances; brave, entreprenant, audacieux; d'une impétuosité sans égale; mais, pour en modérer les effets ou pour en réparer les écarts, la nature avait mis en lui une âme droite, pleine de bonté et d'humanité; un cœur sensible, pour qui l'amitié fut toujours un besoin. Obligeant, bienfaisant, aimant à rendre justice aux autres; se la rendant librement à lui-même, d'une sincérité et d'une franchise que l'équité ne pouvait condamner, mais que la prudence n'approuvait pas toujours; sans art, sans déguisement, parce qu'il n'avait point de vues à cacher, ni de qualités essentielles à feindre ou à suppléer (1). »

Les heureuses innovations qu'il avait introduites dans le régiment de Beauce reçu-

(1) Éloge de Chevert, *Mercure de France*, 1769. Cet éloge, qui ne porte pas de signature, est généralement attribué à l'académicien Thomas.

rent les éloges du ministère, et, pour l'en récompenser, il fut nommé chevalier de l'ordre militaire de Saint-Louis (1er novembre 1732).

La guerre dite *de l'Élection de Pologne* vint mettre un terme à la longue inaction des armées françaises. Après la mort d'Auguste II, roi de Pologne, deux concurrents s'étaient présentés pour ce trône électif. L'un, Stanislas Leczinski, beau-père de Louis XV, était soutenu par la France; l'autre, Auguste III, électeur de Saxe, était porté par la Russie et l'Autriche. Stanislas, élu par les Polonais, fut renversé par les Russes. La France, trop éloignée pour porter secours à Stanislas, se vengea sur l'Autriche. S'alliant à l'Espagne et à la Sardaigne, elle attaqua l'Autriche en Italie, tandis qu'une autre armée, commandée par le maréchal de Berwick, franchissait le Rhin et mettait le siége devant Philisbourg. Le régiment de Beauce faisait partie de cette dernière armée, et se signala au siége de Philisbourg, qui fut long et meurtrier. Après la reddition de cette place (18 juillet 1734), une partie de l'armée, qui n'avait plus rien à faire en Allemagne, fut envoyée en Italie. Le régiment de Chevert se trouvait dans cette expédition, et se distingua dans les différentes affaires qui eurent lieu, entre autres à la bataille de Guastalla (19 septembre 1734). Il ne rentra en France qu'après la signature de la paix de Vienne (8 novembre 1738).

A son retour en France, Chevert fut nommé lieutenant-colonel de son régiment (1). Il devenait par le fait chef réel de ce corps, car le colonel titulaire du régiment de Beauce était, selon un usage assez fréquent à cette époque, un enfant presque encore au berceau, appartenant à je ne sais plus quelle famille princière.

Chevert s'appliqua avec activité à remplir les vides que les campagnes précédentes avaient faits dans son corps, et à y rétablir la discipline, que plusieurs années de séjour en pays étranger avaient un peu altérée.

(1) Son brevet est daté du 1er août 1739, mais il en remplissait déjà les fonctions depuis le commencement de la campagne d'Italie.

Au bout de deux ans, son régiment avait repris son ancienne vigueur, lorsqu'il fut appelé à faire une nouvelle campagne qui devait le couvrir de gloire. Avant d'entrer dans le récit des événements qui devaient illustrer le nom de Chevert, disons quelques mots des causes de cette guerre, une des plus importantes du règne de Louis XV.

L'empereur d'Allemagne, Charles VI, mourut le 20 octobre 1740, après avoir désigné pour héritière de ses États sa fille aînée, l'archiduchesse Marie-Thérèse, épouse de François de Lorraine, grand-duc de Toscane. L'acte par lequel il avait ainsi réglé sa succession se nommait *pragmatique sanction*, et il avait eu le soin de le faire garantir par toutes les puissances de l'Europe; ce qui n'empêcha pas une coalition de se former entre la France, la Bavière, la Prusse, l'Espagne et la Saxe, pour enlever à Marie-Thérèse une partie de l'héritage de son père. Ce n'est pas ici le lieu, comme on le pense bien, de discuter la moralité de la conduite politique des gouvernements de cette époque : nous ne faisons qu'indiquer sommairement les faits, dans leur rapport avec l'histoire de notre héros.

L'électeur de Bavière était un des principaux prétendants à la succession d'Autriche et à l'empire d'Allemagne. Il avait pour allié le roi de France, qui promit de lui envoyer un corps d'armée de quarante mille hommes pour seconder l'attaque projetée par les Bavarois contre l'Autriche, tandis qu'une autre armée française de même force se porterait en Westphalie pour seconder le roi de Prusse, Frédéric II, qui avait déjà commencé les hostilités contre l'Autriche en s'emparant de la Silésie.

Le gouvernement français tint parole : deux armées auxiliaires, de quarante mille hommes chacune, franchirent le Rhin dans le courant d'août. L'une, commandée par le maréchal de Maillebois, entra en Westphalie; l'autre, ayant à sa tête le maréchal de Belle-Isle, alla se mettre sous les ordres de l'électeur de

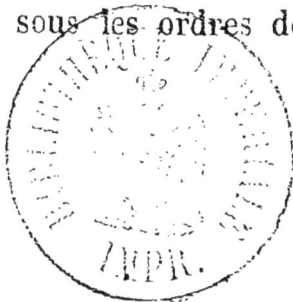

3*

Bavière, qui venait d'occuper Passau. Ce sont les opérations de cette dernière armée, dont le régiment de Beauce faisait partie, que nous allons suivre.

CHAPITRE V

Campagne de 1741. — Entrée des Français en Bohême. —
Conversation de Maurice de Saxe et de Chevert. — Projet
d'attaque contre Prague. — Succès de cette attaque. —
Retraite de l'armée française ; belle conduite de Chevert.
— Il est nommé brigadier des armées du roi. — Lettre
que lui écrit l'empereur Charles VII. — Campagne de
Chevert dans l'armée des Alpes. — Témoignage du prince
de Conti en sa faveur. — Il est nommé maréchal de
camp. — Campagne de 1747. — Il est nommé lieutenant-
général. — Camps d'instruction commandés par Chevert
pendant les années 1753, 1754 et 1755. — Campagne de
1757. — Il décide le gain de la bataille de Hastenbeck.
— Sa belle conduite à la bataille de Lutterberg. — Lettre
du roi de Pologne. — Sa retraite. — Sa mort.

L'électeur de Bavière, avec vingt-cinq mille
hommes de ses troupes, qu'il avait joints aux
quarante mille Français du maréchal de Belle-
Isle, se porta d'abord dans la haute Autriche,

dont il s'empara presque sans résistance (septembre 1741). Déjà les partis français apparaissaient à quelques lieues de Vienne, qui n'avait qu'une garnison et des fortifications insuffisantes. Rien ne semblait devoir sauver cette capitale de tomber au pouvoir des Franco-Bavarois si l'invasion eût été bien conduite; mais l'électeur de Bavière n'avait ni les talents ni le caractère du grand rôle que les circonstances l'avaient conduit à prendre : il n'osa se porter tout de suite sur Vienne, faute, disait-il, de pièces de siége; puis il craignait que les Saxons, nouvellement entrés dans la coalition, ne cherchassent à s'emparer de la Bohême pour leur compte, s'il allait à Vienne au lieu d'aller à Prague. Après un mois d'hésitation, pendant lequel Marie-Thérèse était allée soulever la Hongrie, et chercher des auxiliaires jusqu'aux confins de la Turquie, l'armée franco-bavaroise passa le Danube et se porta en Bohême : un corps détaché resta seulement à la garde de la haute Autriche (fin octobre 1741).

Depuis l'ouverture de la campagne, le régiment de Beauce faisait partie d'une brigade commandée par le comte Maurice de Saxe, qui devait plus tard acquérir une si grande renommée sous le nom de maréchal de Saxe. Il n'était entré que depuis peu de temps au service de la France, et, quoiqu'il n'eût pas encore commandé en chef,—il n'était alors que simple maréchal de camp (général de brigade)—, il jouissait déjà d'un grand renom militaire. Ses fonctions l'avaient mis fréquemment en rapport avec le lieutenant-colonel, un des chefs de corps de la brigade qu'il commandait. Le comte de Saxe avait été frappé de la haute intelligence, de la justesse de vue et de la profonde science militaire de cet officier supérieur; de son côté, Chevert avait admiré le courage intrépide et les hautes inspirations guerrières de son nouveau chef. Sans doute il y avait entre ces deux hommes des différences énormes : l'un était issu d'un sang royal, l'autre était né dans les rangs du peuple; Chevert était la vertu même dans un temps corrompu, Maurice était la passion sans frein; mais il y avait aussi des qua-

lités qui leur étaient communes, le mépris
du danger, l'amour de la gloire, la franchise,
et bientôt il se forma entre eux une liaison
fondée sur l'estime qu'ils avaient l'un pour
l'autre. Pendant les longues marches de l'armée, le comte de Saxe aimait à se rapprocher
de Chevert, et à s'entretenir avec lui des opérations de la guerre et des divers mouvements
de l'armée. Lorsque l'électeur de Bavière se
fut décidé à passer le Danube et à s'avancer
en Bohême, Maurice, pendant une marche,
fit appeler Chevert par un aide de camp,
comme pour lui donner un ordre. Quand le
lieutenant-colonel fut arrivé près de lui, le
comte fit éloigner ses aides de camp et les
personnes de sa suite, et, rapprochant son
cheval de celui de Chevert, il lui dit : « Colonel, j'ai besoin de causer avec vous; pouvez-
vous me consacrer une demi-heure?

— Je suis à vos ordres, général.

— Eh bien! que pensez-vous de ce mouvement qu'on nous fait faire en ce moment, et
de notre invasion en Bohême?

— Je pense, si l'on était résolu d'opérer ce

mouvement, qu'on a trop attendu, ou qu'au
lieu de marcher sur Prague, comme nous le
faisons, il aurait mieux valu se mettre à cheval sur le Danube, occuper la haute Autriche
par notre droite, l'entrée de la Bohême par
nos principales forces, et faire attaquer Prague
seulement par notre gauche, avec les auxiliaires Saxons. De cette manière, les Autrichiens, s'ils eussent rencontré le gros de nos
forces entre les marais de la haute Moldau et
de la Lausnitz, n'auraient pu rentrer dans
l'intérieur de la Bohême, tandis que le faible
corps qu'on a laissé dans la haute Autriche ne
saurait les arrêter et les empêcher, s'ils sont
en forces suffisantes, de pénétrer dans la vallée de la Moldau, et d'arriver peut-être avant
nous sous les murs de Prague.

— Vous parlez, mon cher colonel, en vrai
stratégiste, et le danger que vous prévoyez
n'est que trop réel. L'armée autrichienne se
compose d'abord des troupes revenues de Silésie, auxquelles se sont jointes des levées qui
s'opèrent avec un élan et une célérité in-
croyables en Hongrie, dans le Tyrol, et dans

toutes les autres possessions de la maison
d'Autriche; d'un autre côté, le grand-duc de
Toscane, l'époux de Marie-Thérèse, s'avance
à marches forcées au secours de la Bohême.
Comme vous le voyez, ses forces sont suffisantes pour pénétrer dans la vallée de la Moldau, ainsi que vous le craignez, et, si mes renseignements sont exacts, déjà quelques-uns
de leurs coureurs s'y sont montrés.

— Cela n'est pas rassurant; mais vous dites,
mon général, que l'armée autrichienne est
formée en première ligne des forces revenues
de Silésie; comment se fait-il que ces troupes,
qui étaient tenues en échec par le roi de
Prusse, aient quitté cette province, que con-
voite ce monarque ambitieux, et lui aient
ainsi laissé, en se retirant, le champ libre?

— Et si je vous disais que le roi de Prusse
est d'accord avec Marie-Thérèse; que celle-ci,
pour se tirer d'embarras, lui a cédé une partie de la Silésie, à condition de cesser désormais toute participation à la guerre, ce à quoi
ce monarque s'est engagé, que diriez-vous?

— Je dirais que ce n'est pas possible,

puisque, d'après le pacte d'alliance fait entre lui, la France et la Bavière, il a promis solennellement de ne traiter qu'avec leur aveu.

— Ah! mon cher colonel, reprit en souriant le comte de Saxe, on voit bien que vous ne connaissez pas Frédéric II; mais moi qui le connais, je puis vous affirmer que la foi des serments lui est chose légère. Il cherche avant tout son intérêt; dans cette circonstance, la reine de Hongrie a eu l'adresse de le désintéresser en lui abandonnant l'objet de sa convoitise; maintenant qu'il est satisfait, il retire son épingle du jeu, laissant les alliés se dépêtrer comme ils pourront.

— Malgré votre assertion, mon général, j'ai peine à croire qu'un prince comme Frédéric II, qui aspire à la gloire des armes, et qui se dit philosophe, soit assez peu soucieux de son honneur pour manquer ainsi à sa parole royale.

— Vous êtes meilleur stratégiste, mon cher monsieur de Chevert, que vous ne seriez bon diplomate. Ce que je vous dis n'est que trop certain; j'ai reçu là-dessus des informations positives, qui, du reste, s'accordent avec celles qui sont parvenues à l'électeur de Bavière. On nous a affirmé que le traité secret, entre Frédéric et Marie-Thérèse, avait été signé dans les premiers jours d'octobre, sans pouvoir en mieux préciser la date (1); mais ce qui prouve d'une manière irréfutable l'existence de ce traité, c'est que le roi de Prusse a mis en quartiers d'hiver son armée qui devait seconder notre expédition de Bohême, et que les troupes autrichiennes qui lui étaient opposées sont devenues libres, et forment maintenant le noyau de la grande armée qui nous menace.

— C'est fort grave, reprit Chevert, et cette défection du roi de Prusse place notre armée dans une position assez critique.

— D'autant plus critique, appuya Maurice, qu'il ne faut qu'un seul échec pour nous rejeter dans la Saxe et dans le haut Palatinat, et nous faire perdre tout le fruit de cette campagne; et que malheureusement la santé du

(1) Ce traité est du 9 octobre 1741.

maréchal de Belle-Isle le tient pour le moment éloigné de l'armée, et qu'il ne peut aider de ses conseils l'électeur de Bavière, qui, avec les meilleures intentions, du courage, de la bonne volonté, manque absolument de la capacité nécessaire à un général d'armée. »

Chevert, plongé dans les réflexions que lui inspirait ce qu'il venait d'entendre, ne répondit pas. Le comte de Saxe parut aussi réfléchir, et tous deux marchèrent quelque temps à côté l'un de l'autre en gardant le silence. Chevert le rompit tout à coup en disant : « Il y aurait un moyen, ce me semble, de prévenir l'échec dont vous parliez tout à l'heure; ce serait de s'emparer de Prague.

— Sans doute; mais une ville de cent mille âmes est un morceau difficile à avaler; il faudrait en faire le siége, et nous n'avons pas fait celui de Vienne faute de gros canons; nous n'en avons pas davantage aujourd'hui; et quand nous en aurions, nous n'aurions pas même le temps de commencer la circonvallation de la place, que nous aurions une armée de cent mille hommes sur les bras.

— Aussi je n'entends pas parler d'un siége en règle; je pense qu'il n'est pas impossible de se rendre maître de Prague par un coup de main. La garnison est peu nombreuse pour l'étendue de la ville; on pourrait, par exemple, simuler une vigoureuse attaque sur un point où l'on attirerait toutes les forces de la garnison, tandis qu'une troupe d'hommes résolus escaladerait les remparts sur un point opposé. »

Le comte de Saxe fut frappé de cette idée. Elle répondait à son audace aventureuse; il en fit développer le plan à son auteur, y ajouta quelques observations, et finit par tendre la main à Chevert en lui disant : « Je suis prêt à tenter cette entreprise; je n'ai pas besoin de vous demander si vous voulez me seconder. »

Chevert, en prenant la main qu'on lui tendait, répondit : « Je suis à vos ordres, mon général : je n'aurais pas proposé une entreprise de cette nature, si je n'avais été prêt à l'exécuter. Vous pouvez compter sur moi, et sur les braves soldats de mon régiment; mais hâtons-nous, il n'y a pas un instant à perdre.

— C'est bien, mon brave colonel; retournez à la tête de votre régiment; moi, je me rends immédiatement auprès de l'électeur, lui faire part de notre plan, et lui demander l'autorisation de l'exécuter.

L'électeur accueillit avec faveur le projet du comte de Saxe, et convint avec lui de tous les moyens d'exécution. L'armée s'avança à marches forcées sur Prague, pour y arriver avant que l'ennemi eût pu y jeter des secours.

La ville n'avait qu'une enceinte bastionnée et des fossés secs. L'armée arriva devant cette place dans la journée du 24 novembre. Dès la nuit du 25, trois attaques vigoureuses partagèrent l'attention de la garnison sur divers points. Pendant ce temps-là Chevert, à la tête d'un fort détachement composé des meilleurs sous-officiers et soldats de son régiment, s'avançait en silence vers un bastion où régnait la plus profonde obscurité. Des échelles furent aussitôt appliquées contre les murs. Au moment d'y monter, il assembla les sergents de son détachement : « Mes amis, leur dit-il à voix basse, vous êtes tous braves,

« mais il me faut ici *un brave à trois poils*
« (ce furent ses expressions). Le voilà, ajouta-
« t-il en s'adressant au nommé Pascal, ser-
« gent des grenadiers du régiment de Beauce ;
« camarade, montez le premier, je vous sui-
« vrai; quand vous serez sur le mur, la sen-
« tinelle autrichienne criera : *Wer da* (Qui
« vive)! vous ne répondrez pas; il lâchera
« son coup de fusil, et vous manquera; vous
« tirerez, et vous ne le manquerez pas. » Tout
se passa comme l'avait dit Chevert.

Au double coup de feu tiré par la sentinelle
autrichienne et par le sergent Pascal, les ennemis étaient accourus sur le rempart; mais
ils rencontrèrent Chevert à la tête de ses
braves grenadiers, qui les culbuta, s'empara
du corps de garde et d'une porte voisine, et
l'ouvrit à la cavalerie française, commandée
par Maurice de Saxe. D'autres troupes péné-
trèrent aussitôt dans la ville, et la garnison,
peu nombreuse, mit bas les armes. Le comte
de Saxe et les autres généraux préservèrent
cette grande ville du pillage. Les trois quarts
des habitants n'apprirent qu'ils avaient changé

de maître qu'en s'éveillant le lendemain matin, tant les chefs de l'armée française avaient apporté de soin à maintenir l'ordre et le silence. Un jour plus tard, cette entreprise eût été impossible. Le grand-duc de Toscane n'était plus qu'à quelques heures de Prague, quand il apprit l'occupation de cette ville par l'armée alliée. Il recula précipitamment vers la haute Moldau et la Lausnitz. Dès le lendemain, l'électeur de Bavière fit son entrée à Prague, et s'y fit couronner roi de Bohême.

Chevert, pour récompense de sa belle conduite à la prise de Prague, fut fait brigadier des armées du roi (1) (15 décembre 1741); en même temps, le nouveau roi de Bohême le nomma son lieutenant commandant la place de Prague. Il déploya dans ses nouvelles fonctions un talent remarquable et des qualités

---

(1) Le grade de brigadier, qui existe encore dans plusieurs royaumes, mais qui a été supprimé en France, était donné à un officier général spécialement chargé du commandement d'une brigade; le maréchal de camp était d'un rang plus élevé, et commandait quelquefois une division composée de deux ou trois brigades; le lieutenant général commandait ordinairement un corps d'armée.

qu'on ne lui soupçonnait pas. Chargé de maintenir l'ordre et une police exacte dans une capitale d'une vaste étendue, où la haute noblesse du royaume et un peuple immense se trouvaient enfermés dans la même enceinte avec une armée composée de nations différentes, Français, Bavarois, Saxons, Tchèques et Allemands, il y réussit d'une manière admirable, et à la satisfaction générale de la population et de l'armée.

L'occupation de Prague avait donné la Bohême à ses conquérants; mais il fallait un général pour soutenir et pousser cet avantage : on ne l'eut pas. Maurice de Saxe n'avait qu'un commandement subalterne : le maréchal de Belle-Isle, qui eût été capable de tirer parti de la situation, accourut malade de Francfort à Prague, mais il se sentit hors d'état de supporter les fatigues de la guerre, et fut réduit à demander au ministre français d'envoyer un autre maréchal à sa place. On chargea de cette commission le vieux maréchal de Broglie, qui avait eu déjà deux attaques d'apoplexie, et qui était incapable de suite et de combinai-

son. Aussi à peine fut-il arrivé à l'armée, que
les Autrichiens, revenus de la surprise que
leur avait causée la prise de Prague, et ren-
forcés de jour en jour par de nouvelles levées,
reprirent de toutes parts l'offensive. En même
temps l'électeur de Bavière se rendit à Francfort, où il fut élu empereur à l'unanimité,
le 4 janvier 1742, sous le nom de Charles VII.
Mais ce titre magnifique était loin d'assurer
la prospérité de ses armes et de celles de
la France. L'armée autrichienne, devenue de
jour en jour plus nombreuse, occupait une
partie de la Bohême, et menaçait d'assiéger
Prague. Pour comble de malheur, le typhus
se déclara dans l'armée franco-bavaroise, et y
fit de grands ravages. Les sollicitations du
ministère français obtinrent du roi de Prusse
de rentrer dans la coalition; il n'hésita pas à
trahir ses engagements envers Marie-Thérèse,
comme il avait trahi ses engagements envers
la France. Cette diversion de Frédéric II eût
pu ramener la victoire de notre côté, s'il eût
été bien secondé par le général français; mais
le maréchal de Broglie ne lui envoya qu'une

division, qu'il rappela bientôt dans la Bohême, où la guerre se concentra pendant
toute la campagne de 1742. Bientôt l'Angleterre se détacha de la coalition, et fit sa paix
avec Marie-Thérèse ; cet événement fut suivi
d'un autre non moins considérable : ce fut
une nouvelle défection du roi de Prusse, qui
consentit à faire sa paix avec l'Autriche,
moyennant l'abandon définitif que lui fit cette
puissance de toute la Silésie, à l'exception de
Troppau et de deux autres villes.

La défection de la Prusse, bientôt imitée
par l'électeur de Saxe, eut des conséquences
très-funestes aux Français. L'armée française,
réduite à moins de vingt-cinq mille hommes,
se trouva bientôt cernée sous les murs de
Prague par l'armée autrichienne, forte de
près de quatre-vingt mille hommes. Le cardi-
nal Fleury, qui était à la tête du ministère
français, épouvanté des dangers qui mena-
çaient notre armée, expédia en toute hâte au
maréchal de Belle-Isle l'ordre de traiter à tout
prix avec l'ennemi. Ce maréchal était revenu
depuis peu à l'armée, dont il partageait le

commandement avec de Broglie. Il s'empressa, conformément aux ordres du ministre, de demander une conférence au feld-maréchal Kœnigsegg, général en chef de l'armée autrichienne, et de lui proposer une convention préalable pour l'évacuation de la Bohême. Celui-ci en référa à sa souveraine. Mais Marie-Thérèse refusa de traiter, à moins que l'armée française ne se rendît prisonnière. Cette princesse se repentit bientôt d'avoir cédé dans cette circonstance à un mouvement passionné de vengeance plutôt qu'à son véritable intérêt.

La réponse de Marie-Thérèse jeta l'indignation dans l'armée française. L'infanterie autrichienne se mina devant Prague et devant le camp français, défendus avec une terrible énergie par les troupes de Broglie et de Belle-Isle : les sanglantes et victorieuses sorties de Prague, exécutées avec une audace inouïe par Chevert et par Maurice de Saxe, relevèrent l'honneur de nos drapeaux, compromis à Lintz, et répondirent dignement à l'insolente sommation de mettre bas les armes.

Une diversion, tentée par le corps d'armée commandé par Maillebois, ne put réussir, grâce à l'impéritie de Broglie, à dégager l'armée de Bohême. Elle eut du moins l'avantage de débarrasser cette armée de ce chef incapable, qui fut appelé à un autre commandement.

Belle-Isle resta donc seul à la tête de l'armée de Bohême, dans une position qui empirait de jour en jour. Cependant il eût pu tenir encore jusqu'au printemps, car le corps ennemi qui l'observait n'était guère supérieur au sien; mais le cabinet de Versailles lui intima l'ordre d'évacuer Prague à tout prix. Il dut obéir; il cacha adroitement son dessein au général autrichien, et sortit de la ville, le 16 décembre 1742, avec quatorze mille hommes valides, laissant à Prague les blessés, les malades hors d'état d'être transportés, sous la garde d'une poignée de soldats commandés par le brave Chevert. En lui confiant cette mission, le maréchal de Belle-Isle lui dit simplement : « Je ne vous donne pas d'instructions; votre cœur, votre courage et l'honneur vous dicteront votre conduite selon les circonstances. »

Le maréchal de Belle-Isle effectua sa retraite sans être sérieusement inquiété par l'ennemi, mais non sans éprouver les plus cruelles fatigues par suite de la rigueur du froid et de la difficulté des chemins. La colonne ne put prendre de repos qu'à Egra, à trente-huit lieues de Prague, après dix jours d'inexprimables souffrances, pendant lesquels elle avait laissé sur sa route bon nombre de soldats morts de froid et de misère.

Chevert était resté dans Prague avec dix-huit cents hommes, dont les deux tiers étaient malades ou convalescents. Le prince de Lobkowitz, commandant de l'armée autrichienne, le fit sommer de se rendre à discrétion : « Allez dire à votre général, répondit-il au parlementaire autrichien, que, s'il ne m'accorde pas les honneurs de la guerre, je mets le feu aux quatre coins de Prague, et je m'ensevelis sous ses ruines. » On voulut négocier, il montra une fermeté inébranlable; enfin la capitulation fut accordée, et, le 2 janvier

1743, il sortit de la ville avec les honneurs de la guerre, emmenant sa garnison d'écloppés et deux pièces de canon, et fut conduit à Egra aux dépens de la reine de Hongrie. Il n'avait pas perdu un seul homme dans le trajet, ni depuis le départ du maréchal de Belle-Isle. Celui-ci le félicita chaleureusement de sa belle conduite, et envoya à Charles VII les deux pièces de canon que Chevert avait ramenées, et sur lesquelles étaient gravées les armes de cet empereur. Ce prince, à la réception de ces pièces, écrivit au maréchal de Belle-Isle la lettre suivante :

« Monsieur le maréchal,

« Je suis très-sensible à l'attention qu'a eue
« le brigadier Chevert de demander les deux
« pièces de canon; vous me ferez plaisir de
« l'en remercier de ma part, et de lui dire
« que je serai charmé de lui en témoigner
« ma satisfaction. Vous savez que j'ai toujours
« beaucoup estimé cet officier, qui s'est dis-
« tingué dans toutes les occasions, et parti-
« culièrement à la prise de Prague, ce qui

« m'avait engagé à le nommer mon lieute-
« nant en cette ville. Il s'est comporté dans
« ces fonctions avec tant de fermeté, de pru-
« dence, d'esprit de conciliation et de jus-
« tice, qu'il s'est attiré la confiance de mes
« sujets. J'attends que vous soyez ici pour
« voir ce qui lui fera le plus de plaisir, et sur
« ce, mon cher maréchal, je prie Dieu qu'il
« vous ait en sa sainte et digne garde.

« *Signé* CHARLES. »

« Francfort, 28 janvier 1743. »

On ne peut rien ajouter à un tel éloge.

En quittant l'armée de Bohême, Chevert
fut envoyé à l'armée des Alpes, destinée à
agir contre le roi de Sardaigne, de concert
avec une armée espagnole. Les troupes françaises, fortes de vingt mille hommes, étaient
commandées par le prince de Conti; le corps
espagnol, de même force, avait pour chef no-
minal l'infant don Philippe; mais c'était le
marquis de Las Minas qui commandait en

réalité cette armée. Le prince de Conti avait formé le projet de pénétrer dans le Piémont, entreprise difficile, car tous les passages des Alpes étaient bien gardés par les soldats aguerris du roi Charles-Emmanuel. Le prince français fit sans bruit filer son armée vers le Dauphiné par Barcelonnette et Guillestre. Il paraissait menacer tous les points à la fois, mais son projet était de pénétrer par la vallée de la Stura. Comme il était nécessaire, dans une guerre de montagnes, d'inspirer aux troupes la plus grande audace, et en même temps une entière confiance dans le chef qui les commanderait, le prince de Conti donna l'avant-garde de la division du bailli de Givry au brigadier Chevert, avec une instruction particulière, à laquelle il était défendu de rien changer; cette division marchait vers Château-Dauphin.

Chevert se met à la tête des deux mille quatre cents hommes de l'avant-garde, attaque brusquement trois mille Piémontais retranchés à la Gardette, les chasse de ce poste et s'y maintient (19 juillet 1744). Puis il faut se frayer une route par la cime presque inaccessible des rochers. L'intelligence et l'activité de Chevert sont couronnées par le plus heureux succès. Il conduit son avant-garde jusqu'à la hauteur de Bondormi, où il retrouve celle des Piémontais, qu'il défait pour la seconde fois. L'ennemi se retire dans les retranchements de Pierre-Longue. Chevert est chargé de la principale attaque à la tête des grenadiers; jamais l'audace française n'avait été aussi opiniâtre; on arrache les palissades, on comble de morts les fossés, on pénètre par les embrasures, et celui qui avait monté le premier sur les remparts de Prague, force le premier les barrières du Piémont.

Le prince de Conti écrivit au roi : « C'est « une des plus brillantes et des plus vives « actions qui se soient jamais passées. Les « troupes y ont montré une valeur au-dessus « de l'humanité. La bravoure et la présence « d'esprit de M. de Chevert ont principalement « décidé l'avantage, etc. » Le grade de maréchal de camp fut la récompense de ces brillants faits d'armes.

Les bornes de ce livre ne nous permettent
pas d'entrer dans le détail de tous les faits de
guerre auxquels il s'associa en Italie, dans les
campagnes qui suivirent celles de 1744, soit
en opérant sous les yeux des généraux en
chef, soit en commandant des corps détachés.
Nous dirons seulement qu'il prit une part active aux succès des Français dans le Mont-
ferrat pendant la campagne de 1745, sous le
maréchal de Maillebois; qu'après nos revers
dans la campagne de 1746, on le vit, faisant
l'arrière-garde de l'armée, combattre à pied,
après avoir eu son cheval tué sous lui; faire
remonter à l'artillerie le col de l'Argentière
à bras d'hommes, en présence de l'ennemi;
la placer si avantageusement que partout il
impose et ne peut être entamé; puis, chargé
de commander l'avant-garde du maréchal de
Maillebois, il force ou dissipe les différents
partis qu'il rencontre, fait le siége de la ville
et du château d'Asti, s'en empare, et va prendre
ensuite le commandement de Montcalvo, bien
plus difficile à conserver. Il met cette ville
sans murailles en état de défense, soutient

trois assauts, et force l'ennemi à se retirer. Sur un autre point, il attaque le pont de Casal, passe le Tanaro, suivi de toute l'armée; ailleurs, il manœuvre si bien à l'arrière-garde, que les Français, quittant Tortone, ne sont point entamés par le roi de Sardaigne.

Pendant l'invasion de la Provence par les Austro-Piémontais, il attaque leurs détachements, qui s'étendent jusqu'à Digne; les en chasse, ainsi que de Monestier; couvre Castellane et Draguignan; reprend sur eux les îles Sainte-Marguerite, y fait plus de six cents prisonniers de guerre, et contribue ainsi largement, pour sa part, à la délivrance du sol français envahi par les étrangers. Le grade de lieutenant général fut la récompense de ces nouveaux exploits (10 mai 1748).

Enfin la paix, qui termina cette sanglante guerre de la succession d'Autriche, fut signée à Aix-la-Chapelle, le 18 octobre 1748, et permit à Chevert de prendre un repos qu'il avait bien gagné.

Mais ce repos ne fut pas de l'oisiveté. On le nomma, en 1749, gouverneur des villes frontières sur la Sarre. Ses fonctions principales consistaient à veiller sur la frontière au maintien de l'ordre et de l'observation des traités, à correspondre avec les États voisins, à tenir les troupes dans la discipline. Bientôt il eut à rendre à son pays des services plus importants.

Après une longue guerre, il était de la sagesse du gouvernement de réformer les abus, de corriger et de perfectionner notre tactique, comparée sans prévention avec celle de l'étranger, d'ajouter au code militaire de nouvelles ordonnances, etc. Le ministre, avant de prendre aucune décision sur ces différents sujets, voulut avoir l'avis des officiers généraux les plus expérimentés, et Chevert fut un des premiers consultés. Les rapports qu'il envoya au ministre furent remarqués, et ses vues généralement goûtées; mais, avant de les adopter définitivement et de les faire passer dans les règlements militaires, on voulut en faire l'objet d'une expérience pratique. Ordre fut donné de former des camps d'instruction, dits *camps de paix,* pour faire ces essais. Chevert fut chargé du commandement de celui qui fut assemblé sur la Sarre, en 1753.

Nous avons vu, dès sa jeunesse, Chevert se livrer à une étude sérieuse de l'art militaire; il avait continué cette étude en avançant en âge et en grade; personne mieux que lui ne connaissait dans tous leurs détails les ressorts particuliers qui composent une armée; il en avait calculé avec soin les forces, et savait la manière de les faire mouvoir. Cet avantage théorique, joint à la pratique qu'il avait acquise pendant huit campagnes de guerre, avec des commandements plus ou moins considérables, le mettait en état de remplir parfaitement les vues du ministre. C'est ce qui arriva, en effet, et le camp de la Sarre eut tant de succès, qu'on lui en fit commander un second l'année suivante. En même temps le roi, pour lui donner un témoignage de satisfaction, l'éleva au rang de commandeur de son ordre de Saint-Louis.

La réputation du camp de 1753 avait eu du retentissement jusque chez les étrangers. On

vit à celui de 1754 une foule d'officiers généraux et de grades inférieurs, anglais, prussiens, autrichiens, également satisfaits des
manœuvres de guerre et de la courtoisie avec
laquelle le général leur faisait les honneurs de
la nation.

Un troisième camp fut encore réuni, en
1755, sous les ordres de Chevert. Il fut cette
fois formé sur la Moselle, et eut encore plus
de célébrité que les deux premiers. On comp-
tait dans l'état-major de Chevert plus de
soixante gentilshommes, parmi lesquels on
retrouvait des noms illustres, tant la jeune
noblesse avait montré d'empressement à venir se former sous un tel maître à l'art de
la guerre. Au nombre de ces jeunes gens se
trouvait un descendant de du Guesclin, et
plus tard, quand la guerre se déclara, l'é-
vêque de Cahors, Mgr du Guesclin, pria Chevert avec instance de prendre son neveu pour
aide de camp, désirant que le rejeton de ce
grand et vertueux connétable n'apprît point
à d'autre école le métier des armes. Il est à
remarquer que tous ses aides de camp devin-

rent par la suite des militaires de première distinction.

Les résultats obtenus par ces camps d'instruction, et les rapports de Chevert, eurent une grande influence sur la nouvelle organisation de l'armée, commencée par le comte d'Argenson, alors ministre de la guerre, et achevée par le duc de Choiseul, qui lui succéda dans ce ministère. Un des notables changements qui eurent lieu, et qu'avait indiqué Chevert, fut d'ôter aux capitaines l'administration des compagnies, et de les réduire à de simples appointements. Alors les soldats étant devenus réellement les soldats du roi, il en résulta plus d'unité dans l'ensemble de l'armée, plus d'ordre, de ponctualité et d'obéissance hiérarchique dans les détails du service.

Vers cette époque commença une guerre européenne, connue dans l'histoire sous le nom de *Guerre de Sept ans*; elle eut pour cause la jalousie de l'Autriche contre la Prusse. Marie-Thérèse eut l'adresse de s'allier la France, la Saxe et la Russie, tandis que le roi de Prusse n'avait d'autre appui que l'Angleterre. Cette guerre se divise en deux parties : 1° la lutte du roi de Prusse, Frédéric II, secondé par l'Angleterre, contre l'Autriche, la Saxe, la France et la Russie; 2° la lutte de l'Angleterre contre la France, principalement sur mer, aux Indes et en Amérique. Il ne saurait entrer dans le plan de ce livre de raconter en détail les événements si multiples et si variés de cette longue guerre, et à cet égard nous renvoyons le lecteur à l'histoire générale. Nous dirons seulement que les résultats de cette guerre furent désastreux pour la France : elle perdit, avec sa marine, sa suprématie sur les mers et les dix-neuf vingtièmes de ses possessions aux Indes, ainsi que le Canada : elle laissa l'Angleterre commencer son vaste empire anglo-indien, qu'il lui était possible d'élever pour elle-même. En Europe, sur le continent, la France eut des succès variés; si elle éprouva des revers, elle eut aussi de brillantes victoires à enregistrer. Nous ne parlerons que des actions auxquelles Chevert fut appelé à prendre part, et où il donna de nouvelles preuves de son courage et de ses talents militaires.

Au commencement de la campagne de 1757, le duc de Cumberland, avec une armée composée d'Hanovriens, de Hessois et de mercenaires à la solde de l'Angleterre, était chargé de défendre la Hesse. Le maréchal d'Estrées commandait l'armée française destinée à agir contre lui. Cumberland reculait à mesure que les Français avançaient; enfin il les attendit dans une position fortement retranchée derrière le Weser; sa droite était appuyée sur Hameln, sa gauche au village de Hastenbeck, et son centre était couvert par des hauteurs boisées où il avait placé des batteries. D'Estrées l'attaqua dans cette position le 26 juillet. Chevert, qui commandait la droite de l'armée française, fut chargé de l'attaque du bois qui couvrait la gauche de l'ennemi, avec les brigades de Picardie, de Navarre et de la marine, formant seize bataillons, sans compter un corps de volontaires. Au moment de marcher à l'ennemi, il passa devant ces troupes, les encourageant du geste et de quelques paroles

vives. Arrivé devant le marquis de Bréhant,
colonel de Picardie, un des plus braves
hommes des troupes du roi, il lui dit d'une
voix animée : « Bréhant, jurez-moi, foi de
gentilhomme, que vous et tout le régiment
de Picardie, vous vous ferez tuer jusqu'au
dernier plutôt que de reculer ; je vous donne-
rai l'exemple.

— Je le jure, répondit le marquis d'un
air et d'un ton qui rendaient le serment su-
perflu. Jamais engagements réciproques n'ont
été mieux gardés. »

Le signal de l'attaque est aussitôt donné.
Des obstacles qui semblaient insurmontables
arrêtent un instant l'élan de nos soldats. Les
bois qu'il fallait traverser pour gagner les
hauteurs où était la redoute ennemie étaient
fort épais, et les routes peu praticables. Le
comte de Châtelet-Lomont, qui formait la
tête de cette attaque avec douze compagnies
de grenadiers, est dangereusement blessé et
mis hors de combat ; le comte de Montmo-
rency-Laval, plusieurs autres officiers et trois
guides sont tués. M. de Bussy, à la tête des

volontaires, tombe aussi frappé mortellement. L'ennemi, embusqué dans l'épaisseur du bois, tire à coup sûr et choisit ses victimes. Un moment d'hésitation s'empare de nos troupes. Chevert s'en aperçoit, il leur parle, et son ton, son regard, sa contenance les rassurent. Il se porte à la tête des grenadiers, qui viennent de perdre leur chef, les enflamme du désir de le venger, chasse les ennemis du bois, arrive en vue de la redoute, et l'enlève en un instant.

Le duc de Cumberland, se voyant tourné et son centre mis en désordre par cette attaque vigoureuse, se hâta de battre en retraite avec les débris de son armée.

En récompense de ce brillant fait d'armes, Chevert fut élevé à la dignité de grand'-croix de l'ordre de Saint-Louis (décembre 1757).

Dans la campagne suivante, Chevert décida par un mouvement habilement exécuté le gain de la bataille de Lutterberg, livrée par le prince de Soubise aux Prussiens (7 octobre). A cette occasion, Chevert reçut du roi de Pologne la décoration de l'Aigle-Blanc, accompagnée d'une lettre autographe de ce prince, et de son portrait dans une boîte d'or enrichie de diamants.

Voici cette lettre :

« Monsieur le lieutenant général Chevert,

« Mon fils, le comte de Lusace, ne m'a point
« laissé ignorer la part que vous avez eue
« au gain de la bataille de Lutterberg, ni
« les attentions que vous avez eues pour lui
« dans toutes les occasions, et surtout à cette
« journée, en lui procurant l'honneur de con-
« tribuer, à la tête d'un corps de mon infante-
« rie, à la gloire des armes du roi très-chré-
« tien. Cette heureuse nouvelle est la plus
« consolante que je puisse recevoir. Je sais
« combien on doit dans cette circonstance à
« à votre expérience, à votre valeur, et à la
« supériorité de tous vos talents militaires.
« Je n'ai pas voulu différer à vous faire cette
« lettre, et d'y joindre une marque de mon

« estime et de ma bienveillance la plus par-
« ticulière. Sur ce, je prie Dieu, etc.

« *Signé* AUGUSTE, roi.

« Varsovie, 12 novembre 1758. »

Après la campagne de 1758, Chevert fut
forcé, en raison du mauvais état de sa santé,
de se retirer du service actif. Il fut nommé
gouverneur de Belle-Isle, le 12 juin 1759,
puis, deux ans après (1er août 1761), on lui
donna le gouvernement de Givet et Charle-
mont en remplacement de celui de Belle-Isle.
Après la paix de 1763, il obtint sa retraite, et
il vint se fixer à Paris.

« Là, dit son panégyriste, après cinquante-
sept années de services non interrompus, il
se livra pour la première fois aux douceurs
du repos; il goûta cette tranquillité, cette
douce paix qui fait le partage de l'honnête
homme et du bon chrétien; il jouit, au milieu
d'un cercle restreint d'amis, de ce bien si
solide et si flatteur que la faveur ne donne

point, et que l'intrigue ne saurait ôter, la
considération personnelle.

« L'esprit d'ordre et de prévoyance, dont
la plus grande fortune a besoin, et qui sup-
plée à la médiocre, le suivit dans sa retraite.
Exact et vigilant, parce qu'il était juste, éco-
nome pour être généreux, sa dépense était
grande sans être magnifique, sa table était
plus abondante que recherchée, son domes-
tique plus choisi que nombreux; l'aisance et
la liberté, l'honnêteté et la décence régnaient
dans sa maison. Elle était ouverte aux militaires de tous les âges et de tous les grades;
l'étiquette en était bannie. C'était un véritable
chef de famille qui se chargeait du soin de la
rassembler autour de lui; qui voyait rangés
à sa table ses enfants et les enfants de ses
enfants; qui les faisait entrer en partage de
tout ce qu'il possédait. Son crédit, ses lu-
mières, sa longue expérience, étaient comme
un fonds primordial où tous avaient droit de
puiser, et si chacun d'eux avait pour lui les
sentiments d'un fils, c'était un père qui s'ho-

norait à son tour de la gloire de ses enfants (1). »

Ajoutons qu'il avait beaucoup d'esprit naturel, qu'il parlait avec facilité, et qu'il contait bien et volontiers, surtout les faits de guerre auxquels il avait eu part. Il prenait avec les troupes ce ton confiant, exalté, qui plaît au soldat, anime son courage, et lui fait braver les plus grands dangers.

Personne n'ignorait que sa naissance était fort obscure; il en parlait avec indifférence, et on l'accusait injustement d'en tirer vanité. Pendant qu'il commandait le camp de Richemont, sur la Moselle, en 1755, une fermière du canton vint le voir; c'était une de ses cousines. Chevert lui fit l'accueil le plus cordial, la présenta à ceux qui l'entouraient comme sa parente, et la renvoya enchantée de son cousin *le général*.

Après une courte maladie, pendant laquelle les secours de la religion lui furent administrés par le curé de Saint-Eustache, sa paroisse,

---

(1) Éloge de Chevert, *Mercure de France*, 1769.

il mourut le 24 janvier 1769, âgé de soixante-
quatorze ans, et fut enterré à Saint-Eustache.
On lui éleva un monument, avec cette épi-
taphe, qui résume sa vie entière en quelques
lignes :

SANS AÏEUX, SANS FORTUNE, SANS APPUI,

ORPHELIN DÈS L'ENFANCE,

IL ENTRA AU SERVICE A L'AGE DE ONZE ANS;

IL S'ÉLEVA, MALGRÉ L'ENVIE, A FORCE DE MÉRITE,

ET CHAQUE GRADE FUT LE PRIX D'UNE ACTION D'ÉCLAT.

LE SEUL TITRE DE MARÉCHAL DE FRANCE

A MANQUÉ, NON PAS A SA GLOIRE,

MAIS A L'EXEMPLE DE CEUX QUI LE PRENDRONT

POUR MODÈLE.

A la révolution, ce monument, où son
médaillon en marbre blanc était d'une exacte
ressemblance, fut transféré au musée des Pe-
tits-Augustins. Nous ignorons où il a été placé
depuis la suppression de ce musée.

FIN.

TABLE

—

CHAPITRE I

Le colonel marquis de Carné. — Organisation de l'armée au xviiie siècle. — La demi-recrue du sergent Francœur. — Sa rencontre sur l'esplanade de Verdun. — Premier engagement du jeune Chevert.   7

CHAPITRE II

Présentation du jeune Chevert à M. de Carné. — Leur conversation. — L'abbé Baudoin, aumônier du régiment de Carné. — Son opinion sur Chevert. — Projets de M. de Carné sur Chevert. — Sa conversation à ce sujet avec l'aumônier. . . . . -   29

CHAPITRE III

La nomination de Chevert au grade de lieutenant dans le
régiment de Carné.—Effet que produit sur lui l'annonce
de cette nomination. — Il prête le serment militaire. —
Explication du *de* ajouté à son nom dans l'ordonnance
du roi. — Sa première campagne sous Villars. — Il est
nommé lieutenant en titre dans le régiment de Beauce.
— Lettre de M. de Carné. — Disgrâce et mort de M. de
Carné. — Douleur de Chevert.   55

CHAPITRE IV

Accueil que reçoit Chevert des officiers du régiment de
Beauce. — Bataille de Denain. — Prise de Landau. —
Paix d'Utrecht. — Pendant la paix il est nommé capitaine, puis major, et enfin lieutenant-colonel du régiment de Beauce. — Portrait de Chevert à cette époque.
— Campagne d'Italie. — Guerre de la succession d'Autriche. — Ses causes   77

CHAPITRE V

Campagne de 1741. — Entrée des Français en Bohême. —
Conversation de Maurice de Saxe et de Chevert. — Projet
d'attaque contre Prague. — succès de cette attaque. —

Retraite de l'armée française ; belle conduite de Chevert. — Il est nommé brigadier des armées du roi. — Lettre que lui écrit l'empereur Charles VII. — Campagne de Chevert dans l'armée des Alpes. —Témoignage du prince de Conti en sa faveur. — Il est nommé maréchal de camp. — Campagne de 1747. — Il est nommé lieutenant général. — Camps d'instruction commandés par Chevert pendant les années 1753, 1754 et 1755. — Campagne de 1757. — Il décide le gain de la bataille de Hastenbeck. — Sa belle conduite à la bataille de Lutterberg. — Lettre du roi de Pologne. — Sa retraite. — Sa mort. . .   99

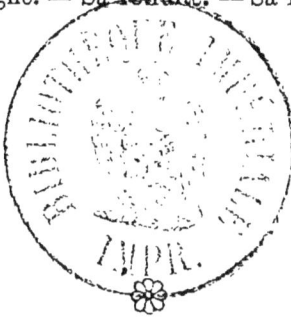

ALFRED MAME ET FILS, ÉDITEURS A TOURS

BIBLIOTHÈQUE
DE LA
JEUNESSE CHRÉTIENNE

—❧—

FORMAT IN-12 — 5ᵉ SÉRIE

Chaque volume est orné d'une gravure sur bois

Broché. » 45
Riche cartonnage, imitation de toile, tranche jaspée . . . » 60
Riche cartonnage, médaillon colorié. . . . . » 65
Riche cartonnage, imitation de toile, tranche dorée . . » 85

60 Volumes dans la collection

ADÈLE, ou l'Honnête Ouvrière, histoire contemporaine, par Stéphanie Ory.

ADRIEN BLONDEAU, ou les Tribulations de la vanité, par Frédéric Kœnig.

ALBERTINE ET SUZANNE, ou Naissance, beauté, fortune, ne font pas le bonheur, par Marie-Ange de T***.

ANGE DE CHARITÉ (L'), par Mˡˡᵉ Rose Sennet.

AVENTURES DU COUSIN JACQUES (LES), ou les Récits du grand-père, par Just Girard.

BERGÈRE DE BEAUVALLON (LA), par Stéphanie Ory.

BERTHE ET FANNY, par Marie-Ange de T***.

BIANCA L'ESCLAVE, ou l'Affranchissement de l'âme par la foi, par Mme Grandsard.

BILLET DE LOTERIE (LE), par Frédéric Kœnig.

BLANCHE ET ISABELLE, suivi de LA VEUVE DU FAUBOURG SAINT-MARCEAU, et de CHUTE ET RÉHABILITATION, nouvelles, par Théophile Ménard.

CHEVERT, lieutenant général des armées du roi, par Fr. Joubert.

CLOCHE CASSÉE (LA), par Just Girard.

CLOTILDE DE BELLEFONDS, ou la Véritable Beauté, par Stéphanie Ory.

CURÉ D'ARS (LE), par A. L.

DEMOISELLES D'HÉRICOURT (LES), ou les Anges du faubourg Saint-Germain, par Stéphanie Ory.

DIVINITÉ DE JÉSUS-CHRIST (LA), démontrée par l'empereur Napoléon Ier à Sainte-Hélène, suivi de LE VERBE INCARNÉ, discours sur N.-S. Jésus-Christ, par le R. P. Etcheverry.

ÉCOLIER VERTUEUX (L'), par M. l'abbé Proyart.

EDMOND, ou les Tribulations d'un menteur, par Frédéric Kœnig.

ÉLISE ET CÉLINE, ou une Véritable Amie, par Stéphanie Ory.

ÉMILIE ET CLAUDINE, ou Demoiselle et Paysanne, par Stéphanie Ory.

EXPÉDITIONS PORTUGAISES, par M. Candeau, chef d'institution.

FRANÇOIS, ou les Dangers de l'indécision, par Just Girard.

GAETANO, par E. Bossuat.

GÉNIE DE BUFFON, Choix des meilleurs morceaux de cet auteur, par un ecclésiastique.

HÉLÈNE, par Mme Grandsard.

HENRIETTE DE SAINT-GERVAIS, par Mme la C^{sse} de la Rochère.

JEAN-PIERRE, ou une Bonne première Communion.

JEUNESSE DE SALVATOR ROSA (LA), par Frédéric Kœnig.

LAURENT ET JÉRÔME, ou les deux Jeunes Poëtes, par Étienne Gervais.

LE BAILLI DE SUFFREN, par Fr. Joubert.

LÉON ET ALICE, Correspondance d'un jeune voyageur avec sa sœur, écrite de Paris, Londres, Genève et Rome, publiée par Théophile Ménard.

LOUISE DE VAUDEMONT, par Marie-Ange de T***.

MADONE DE LA FORÊT (LA), suivi de : UNE ÉPREUVE, — SOPHIE LAURENT, — LES DEUX BRANCHES DE LIERRE, par Marie Muller.

MANOIR DE ROSVEN (LE), suivi de : LE FRÈRE ET LA SŒUR, — UNE PROMENADE AU JARDIN DES PLANTES, — LES MATINÉES DE MARGUERITE, — NOTRE-DAME DE BON-SECOURS, par Mme Élisa Frank.

MARÉCHAL FABERT (LE), par Théophile Ménard.

MARIETTE, par Mme de Labadye.

MATHILDE ET MARTHE, par Mme Valentine Vattier.

M. GENDREL, ou le Travail c'est la santé, par Étienne Gervais.

ODETTE, par l'auteur du Baron de Chamilly.

PASSEUR DE MARMOUTIER (LE), ou l'Évasion du duc de Guise, Épisode du temps de la Ligue, par Just Girard.

PAUL DAVADAN, ou l'Honnête Marchand, par Just Girard.

PÈRE TROPIQUE (LE), ou la Première Campagne de Pierre Maulny, ancien marin, racontée par lui-même, par Just Girard.

PÉRINE, par Marie-Ange de T***.

PETIT HOMME NOIR (LE), ou Ne défigurez pas l'image de Dieu.

PIERRE CHAUVELOT, ou Désintéressement et Égoïsme, par Just Girard.

PIERRE REBOUL, par Théophile Ménard.

PIEUSE PAYSANNE (LA), ou Vie de Louise Deschamps.

PRIX DE LECTURE (LE), par Marie-Ange de T***.

REINE ET PAYSANNE, par Mme de Labadye.

SABOTIER DE MARLY (LE), Épisode de la jeunesse de Louis XIV, par Just Girard.

SECRET DE MADELEINE (LE), par Marie-Ange de T***.

Souvenirs de charité, par M. le comte de Falloux, de l'Académie française.

Souvenirs de Mᵐᵉ de Pontalby, publiés par Fr. Joubert.

Souvenirs du Sacré-Cœur de Paris.

Temps Mérovingiens (souvenirs des), par J.-J.-E. Roy.

Turenne (histoire de), par l'abbé Raguenet.

Une Famille créole des îles Maurice et de la Réunion, par Just Girard.

Vacances a Fontainebleau (les), par Mᵐᵉ Camille Lebrun.

Voyage dans l'Indoustan, par E. Garnier.

Yvonne, ou la Foi récompensée, légende bretonne, par Mᵐᵉ V. Vattier.

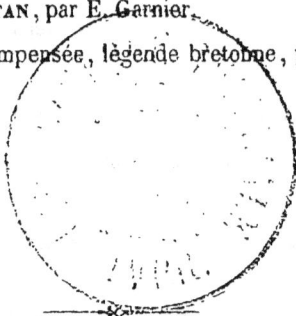

TOURS. — IMPR. MAME.

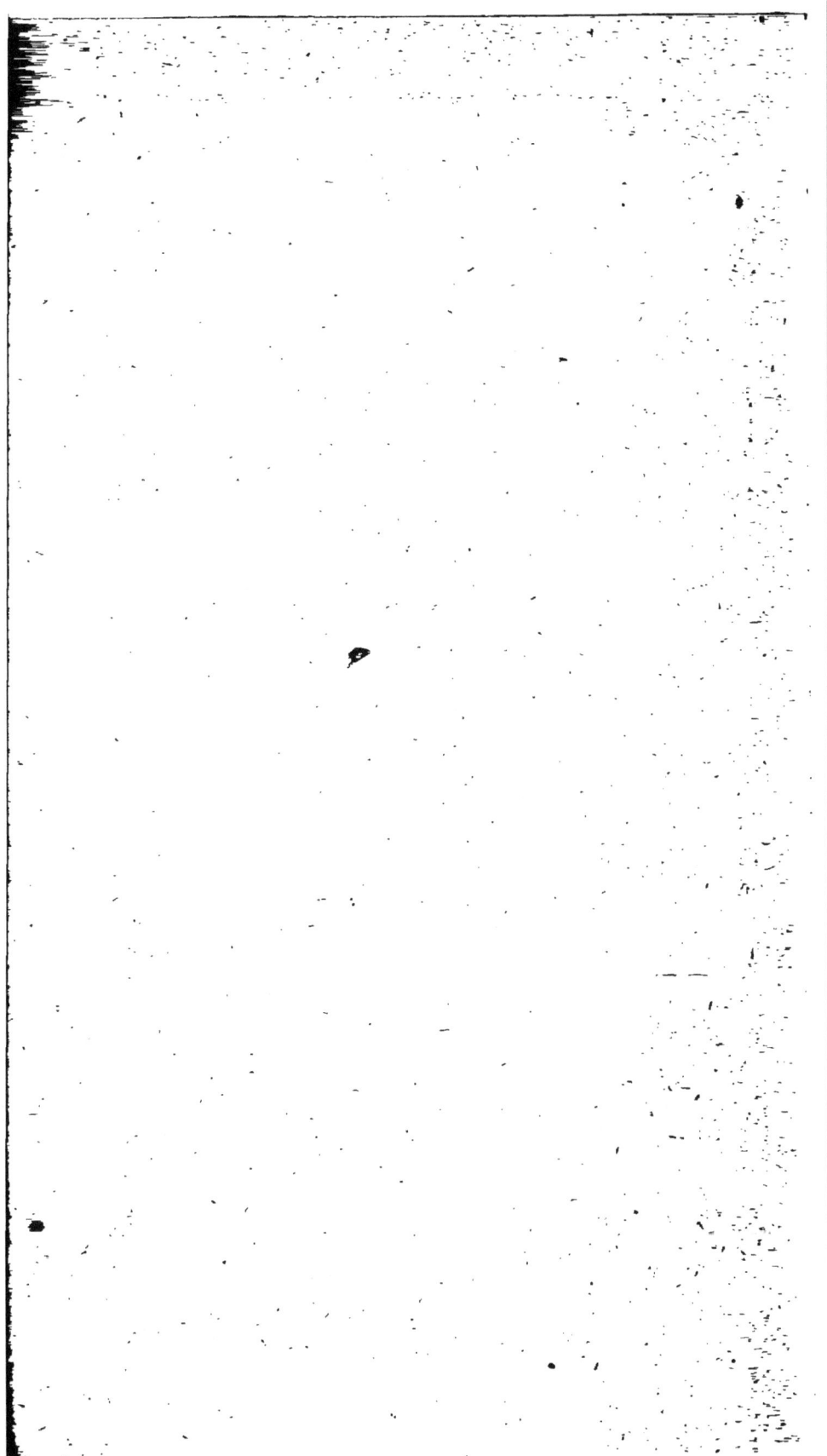

BIBLIOTHÈQUE DE LA JEUNESSE CHRÉTIENNE. — 5e SÉRIE.

Adèle.

Adrien Blondeau ou les tribulations de la vanité.

Albertine et Suzanne.

Ange de Charité (l').

Apolline, par Mme V. Vattier.

Aventures (les) du cousin Jacques, par Just Girard.

Bergère de Beauvallon (la).

Berthe et Fanny.

Bianca l'Esclave, par Mme A. Grandsard.

Billet de Loterie (le).

Blanche et Isabelle.

Chevert, lieutenant général des armées du roi, par Fr. Joubert.

Cloche cassée (la).

Clotilde de Bellefonds.

Curé d'Ars (le).

Demoiselles d'Héricourt (les).

Divinité de Jésus-Christ (la).

Écolier vertueux (l').

Edmond ou les tribulations d'un menteur.

Élise et Céline.

Émilie et Claudine.

Expéditions portugaises aux Indes Orientales.

François, par Just Girard.

Gaëtano, par E. Bossuat.

Génie de Buffon.

Hélène, par Mme Grandsar.

Henriette de Saint-Gervais, par Mme de la Rochère.

Jean-Pierre.

Jeunesse de Salvator Rosa (la)

Laurent et Jérôme.

Le Bailli de Suffren, par Fr. Joubert.

Léon et Alice.

Louise de Vaudemont.

Lucien, par Fr. Joubert.

Madone de la forêt (la).

Manoir de Rosven (le).

Mariette.

Maréchal Fabert (le).

Mathilde et Marthe.

M. Gendrel, ou le Travail c'est la santé, par Ét. Gervais.

Odette.

Passeur de Marmoutier (le), par Just Girard.

Paul Davadan.

Père Tropique (le).

Périne par Marie Ange de T***

Petit Homme noir (le).

Pierre Chauvelot, par Just Girard.

Pierre Reboul par Théoph. Ménard.

Pieuse Paysanne (la).

Prix de Lecture (le), par Marie-Ange de T***

Reine et Paysanne.

Sabotier de Marly (le).

Scènes instructives et amusantes, par Léon Forster.

Secret de Madeleine, par Marie-Ange de T***.

Souvenirs de Charité.

Souvenirs du Sacré-Cœur de Paris.

Souvenirs de Madame de Pontalby.

Temps Mérovingiens (Souvenirs des).

Turenne (histoire de), par l'abbé Raguenet.

Une Famille Créole, par Just Girard.

Vacances à Fontainebleau (les), par Mme C. Lebrun.

Voyages dans l'Hindoustan, par E. Garnier.

Yvonne, légende bretonne.

Tours. — Impr. Mame.

www.ingramcontent.com/pod-product-compliance
Lightning Source LLC
Chambersburg PA
CBHW072148270326
41931CB00010B/1933